Ernst Pfeiffer

Über die Handschriften des altfranzösischen Romans Partonopeus de Blois

Mit Nachschrift und zwei Anhängen von E. Stengel

Ernst Pfeiffer

Über die Handschriften des altfranzösischen Romans Partonopeus de Blois
Mit Nachschrift und zwei Anhängen von E. Stengel

ISBN/EAN: 9783743483385

Hergestellt in Europa, USA, Kanada, Australien, Japan

Cover: Foto ©ninafisch / pixelio.de

Manufactured and distributed by brebook publishing software (www.brebook.com)

Ernst Pfeiffer

Über die Handschriften des altfranzösischen Romans Partonopeus de Blois

AUSGABEN UND ABHANDLUNGEN

ROMANISCHEN PHILOLOGIE.

XXV.

ÜBER DIE HANDSCHRIFTEN

DES

ALTFRANZÖSISCHEN ROMANS

PARTONOPEUS DE BLOIS

VON

ERNST PFEIFFER

MIT NACHSCHRIFT UND ZWEI ANHÄNGEN VON E. STENGEL.

MARBURG.
N. G. ELWERT'SCHE VERLAGSBUCHHANDLUNG.
1885.

S. 51 Z. 14 lies: Indessen aber . . . . und führt ihn früh Morgens, einige Wochen vor Beginn u. s. w.

Meine Versuche, mir die Tourer Hs. zu verschaffen, sind an der Weigerung der dortigen Bibliotheksverwaltung gescheitert.

Herrn

Professor Dr. Edmund Stengel

in dankbarer Verehrung

gewidmet.

Die folgende Untersuchung ist als Vorarbeit für eine neue Ausgabe des Romans von Partonopeus unternommen und bezweckt die Classifikation der Handschriften. Dass die Nummern 5 und 6 des Manuscriptenverzeichnisses nicht in Betracht gezogen werden konnten, ist bedauerlich; doch dürfte dieser Factor das Resultat nicht wesentlich beeinflussen. Denn T ist ein ziemlich junger Papiercodex, und was die angeblich in der Ashburnhamschen Bibliothek verstaubende Handschrift anlangt, so ist nicht abzusehen, wann dieselbe für die Wissenschaft nutzbar gemacht werden kann.

Ein Eingehen auf die ausserfranzösischen Behandlungen des Stoffes schliesst der Rahmen der Arbeit aus.

Hinsichtlich des benutzten Materials ist zu bemerken, dass ich von mir angefertigte Copien der Mss. B, G, P und des unter No. 7 angeführten Fragments besitze und ausserdem das im Drucke vorliegende A collationirt habe.

Herrn Professor Stengel spreche ich meinen herzlichen Dank aus für die gütige Förderung, welche er mir wie bei meinem Studium im allgemeinen, so bei dieser Arbeit insbesondere durch die sorgfältige Collation der Copie von B angedeihen liess.

I. Handschriften.

Den Roman, zum überwiegend grössten Theile in Achtsilblern verfasst, denen sich eine unvollendete Alexandrinerfortsetzung anschliesst, enthalten folgende Mss.:

1] (*A*) No. 2986 (früher No. 194) der Pariser Arsenalbibliothek, nach welchem Crapelet das Gedicht edirte*). Die Hs. bietet nur den Part. auf 61 Bl. Die Seite ist zweispaltig zu je 40 Versen. Ca. 9744 Verse. Die Beschreibung des Ms. (a. a. O. Bd. I, p. (21), vgl. auch II, p. 133 Anm. und Exam. crit. p. LVI) bedarf einer Richtigstellung. Die Lücke in der Turnierschilderung umfasst genau das 8. Heft. Das 9. ist vollständig (f. 50—57 incl.). Das 10. bestand nur aus 6 Bl., wie der zwischen f. 60 und f. 61 befindliche Heftfaden einfach beweist. Dass *f. 62 beschrieben war, zeigt ein kleiner erhaltener Fetzen. *F. 63 ist gänzlich verschwunden. Die V. 8127 u. 28 des Druckes stehen nicht in *A*, sondern überhaupt nur in *P*. Die Zählung ist nach Crap. durchgeführt, dann nach *B* und zuletzt nach *G*.

2] (*B*) No. 113 der Berner Stadtbibl. Beschreib. siehe Stengel, Durmart p. 448 ff. Der Roman beginnt mit der 21. Zeile v. u. auf f. 203c und endet ohne explicit mit der 16. Zeile v. o. auf f. 236c. Das Bl. zählt 6 Sp. zu 60 Zeilen (nur 59: f. 221e; 61: f. 225b, f. 227d, f. 227e). Wegen je eines grossen Initialen, auf dessen Längenausdehnung jeder Vers 2 Zeilen beansprucht, hat die S. in der Regel 56 V. (5 Verse fallen aus f. 203c. u. f. 217a; 3: f. 205e, f. 218a, f. 218b, f. 225c, f. 231e; 2: f. 204c). Zahl der Verse 11073 (nur Achtsilbler wie in *A*). Mit der letzten Zeile von f. 217 schliesst der erste Schreiber, der unter Ludwig IX. lebte. Die 2. Hand nicht viel jünger.

3] (*G*) No. 19152 der Nationalbibl. zu Paris (früher 1830, noch früher S. Germain 1239). Beschr. s. Crap. I, p. (27). Die Seite 3-sp., die Sp. zu 44 Versen. f. 139a hat 43, f. 146d, f. 146e, f. 146f je 45 Verse. Der Roman beginnt f. 124. Mit dem 10. V. auf f. 168f enden die Achtsilbler (11848). Es folgen bis f. 174e noch 768 Alexandriner, worauf »explicit«.

4] (*P*) No. 368 (früher 6985) der Nat.-Bibl. Beschr. Crap. I, p. (39). Seite 3-sp., die Sp. zu 50 V. (51: f. 3f, f. 40d, f. 40e,

---

*) G. A. Crapelet, Part. de B. mit Beschr. und Facsimile der 3 Par. Hss. A, G, P 2 Bde. Paris 1834 (No. 12 der Collection des anciens Monumens de l'Histoire et de la Langue françoise).

f. 40f). F. 15a ist der Raum für die 4 V. 4241—4245 unbeschrieben. Von moderner Hand aus Hs. *A* das Fehlende nachgetragen. Zwischen f. 37b und f. 37c findet sich im Texte eine Lücke von 240 V. (801—1041)*). Mit dem drittletzten Verse von f. 39a enden die Achtsilbler (11449). Mit f. 40 schliesst das Erhaltene des Romans und zugleich das fünfte Heft. Da Heft 6 vollständig ist, wie alle vorhergehenden, so kann zwischen f. 40 und f. 41 nicht wohl ein Blatt fehlen, wie Crap. vorschnell daraus folgerte, dass *P* weniger von der Alexandrinerfortsetzung enthält als *G* (nämlich 555 V.).

5] (*T*) No. 207 der Bibl. zu Tours. Beschr. Journ. des Sav. 1834.

6] Die früher dem Marquis Garnier gehörige (Crap. p. (25), Rob. ibid. p. LXIII) Hs. Identisch mit dem von Kölbing, Beitr. p. 91 erwähnten Ms. (cf. Rom. IX, 509).

7] Zwei Vorsatzblätter der No. 792 der Nat.-Bibl. (S. Catalogue des Mss. franç. der Bibl. Imp. Vol. I, 82). Jedes der 2 Bl. hat 6 Sp. mit je 46 V. (Bl. I die V. 7753—8025, Bl. II 7475—7753, zusammen gerade 550 V.)

II. Keine der vier Handschriften A, B, G, P ist Vorlage der anderen.

Beweise: Jede Handschrift weist Lücken und Zusätze auf, welche die anderen nicht bieten, und zeigt isolirte fehlerhafte Lesarten im Widerspruch mit den übrigen übereinstimmenden Hss.

a) *A* ist nicht Vorlage weder einer der Hss. *B*, *G*, *P* noch auch aller zusammen. Dies zeigt:

1] der von *B*, *G*, *P* übereinstimmend gebotene, von *A* abweichende Romanschluss.

---

*) In der grossen aus G nicht ausgefüllten Lücke des Drucks (s. Crap. II, p. 133) neubeginnende Zählung in Klammern nach B.

2] der Umstand, dass die den V. 8937—8997 entsprechende Partie von *B, G, P* in den 3 Mss. übereinstimmend von *A* abweicht.

3] dass zwischen 1026 und 27, 1408 und 9, 5448 und 49, 8930 und 31 *B, G, P* je 2 Zusatzverse enthalten und wesentlich gleiche Lesarten bieten.

4] dass die nicht überflüssigen V. 115 und 116 in *B, G, P* fehlen.

5] Dem V. 177 *Car il avoit dun serf prove | Fait justice* etc. entgegen lesen *B, G, P* unzweifelhaft richtig: — *dun serf trove* etc.

6] 1949 und 50 haben *B, G, P* in umgekehrter Folge, wodurch die Trennung des zweiten directen Objects vom Verbum vermieden wird:

Par matinet al vel du jor
Partonopeus fait son ator
1951 Et por errer son aparel. —

7] 3121 und 22 in *B, G, P* ebenfalls umgekehrt.

8] Weitere auffällige Beispiele, in denen sich *A* einer- und *B, G, P* andererseits entgegenstehen, liefern die V. 4817 und 18, 5078, 5098 (Zahlangabe), 7343 und 44, an deren Stelle *B, G* (*P* fehlt) 4 im Wesentlichen gleiche Verse enthalten, 8199 bis 8203 u. a.

b) *B* ist nicht Vorlage von *A, G, P*. Beweise:

9] Die Variante von *B*, welcher der übereinstimmende Text von *A, G, P* (3498 bis 3619) entgegentritt.

10] Die Fälle, in welchen von *A, G, P* gemeinsam überlieferte Verse der Hs. *B* mangeln: 19, 20, 93, 94, 227, 228, 295, 296, 611—670, 759, 760, 947—50, 1293, 1294, 1569, 1570, 1824—30, 1865—80, 2441 u. 42, 2765 u. 66, 2955 u. 56, 2989 u. 90, 3221 u. 22, 3703 u. 4, 4245 u. 46 (wofür *B* 4 abweichende Verse), 4365 u. 66, 4529—34, 4575 u. 76, 4901 u. 2 (wofür *B* 4 abweichende Verse), 5073 u. 74, 7187 u. 88, 8257 u. 58, 8579 u. 80.

11] Die sich als Einschiebsel characterisirenden Verse, welche *B* zwischen 988 und 89, 3334 u. 35, 3414 u. 15, 4358 n. 59, 8028 u. 29 (je 2) überliefert. Die beiden letzten Stellen seien hier angeführt:

A G)P	4358	De tot li a conte le voir
	4359	Apres li prie a moult grans plors,
	4360	Quil etc.
B	4358	Por co quit io a mon espoir,
	4358a	Que cest ouragne de diable.
	4358b	Qui tant par est espoentable.
	4359	Apres etc.
G A *)	8027	Mais a cel tans — —
	8028	Avoient dames grant merci
	8029	De gent amant et meserine.
B	8027	Mais a cel tans — —
	8028	Avoient dames grant merci
	8038a	De cels qui par amors amoient,
	8028b	Et de cels quelles veoient(!)
	8029	Espris de bone amor et fine
		Faisoient elles etc.

c) *G* ist nicht die Vorlage von *ABP*.

Von den in *G* gegenüber *ABP* befindlichen Lücken seien folgende näher berührt:

12] Nachdem die Gräfin von Blois dem Könige ihren Plan entwickelt hat, Partonopeus durch die hübsche Verwandte der Gewalt des Teufels zu entreissen, heisst es:

> 3975 Li rois respont: »Faisons le si,
> Que nos ne perdons nostre amic.

Darauf fahren *A B P* fort:

> 3977 Por lui envoient, et il vient.
> Li rois par paroles le tient
> Tant que la cambre est delivree
> Et tote a els quatre livree.
> Li rois, la dame et cil de Blois
> 3982 Le consel tienent par els trois.
> La damoisele lieve sus
> Si a moult bien barres les huis:
> Moult par est bele etc.

Statt dessen schliesst sich in *G* direkt an V. 3976 folgender verstümmelter Passus an:

> 3982 Lor conseil tienent par ax .ii.
> 3983 La damoisele lieve sus:
> Moult est et longue etc.

3984 fehlt.

13] Als der zauberhafte Liebestrank seine Wirkung äussert, vergisst Part. Melior, und (*A B P* 4007 ff.)

---

*) In P fehlt der Passus 7987—8037.

> Sa mere entent a se parole
> Et a son samblant quil afole.
> 4009 La pucele li fait venir,
> 4010 Et il le prent moult a joïr.
> Tant le demaine sa folie,
> Quil la requiert de druerie.

Die V. 4009 u. 10, welche in *G* fehlen, sind für den Zusammenhang unentbehrlich.

14] Der in der Lebensbeschreibung Meliors notwendige V. 4618 von *ABP* fehlt in *G*.

15] Ebenso lässt *G* die V. 4829 und 30 vermissen.

16] Besonders bemerkenswert ist das Fehlen der V. 6101—6253 von *ABP**) in *G*.

17] Bei der Schilderung des Waffengangs zwischen Partonopeus und dem Sultan berichten *ABP* 8139 ff.:

> Car cil dedens ont lui feru
> 8140 En lelme, en lauborc, en lescu.
> 8141 Se ni venist moult tost Gaudins,
> 8142 De lui fust faite pais et fins:
> 8143 Mais Gaudins sest ca rens ferus,
> 8144 Por poi quil nest trop tart venus.

V. 8144 ist ohne 8140—44, welche *G* fehlen, unverständlich.

18] 9057 ff. lesen *ABP*

> Si doit dame moult esgarder
> A cui el se doit si doner:
> 9059 Asses a li Francois bonte
> 9060 Mais ne lai veu desarme;
> 9061 Sil est asses beaus etc.

In *G* fehlt V. 9059 und zwischen 9060 u. 61 steht der folgende:

> 9060a Moult me samble beax par mon De,
> 9061 Sil est asses bons etc.

19] 2937 u. 38 und 9159 u. 60 von *ABP* fehlen ebenfalls in *G*.

20] Was ferner hindert, *G* als Vorlage der übrigen Hss. zu betrachten, ist die grosse Anzahl der Verspaare, welche im Vergleich mit der übereinstimmenden Tradition von *ABP* umgekehrt scheinen. Es seien genannt 1495 u. 96, 1735 u. 36, 2457 u. 58, 2753 u. 54, 2979 u. 80, 4041 u. 42, 4221 u. 22, 4469 u. 70, 4481 u. 82, 5001 u. 2, 5565 u. 66, 7639 u. 40 (auch das Fragment steht hier auf Seite von *ABP*).

---

*) In B fehlen V. 6233—36; in P 6225—6267.

21] Zwischen 2692 u. 93 finden sich in *G* 2 Verse, die sonst fehlen und sich klar als Zusatz charakterisiren. Die Stelle lautet:

    2691 »Ensi vos siolt li fel traïr, (*Der Clerc spricht mit Sornegur*
    2692 Et faire a tote gent haïr« — [*über Mares*).
    2692a »Plus volantiers me rendrai pris,
    2692b Que ce vos face, beax amis« — *so unterbricht Sornegur und*
    2693 »Grant cost aves mis en cest ost« *fährt Jener fort.*

d) *P* ist nicht die Vorlage von *ABG*.

P ist offenbar die jüngste und verwahrloseste der 4 Hss. Schon die Thatsache könnte überzeugen, dass *P* die ca. 1280 Verse umfassende grosse Lücke in der Turnierschilderung (*B* und *G* stehen bezüglich der Ausdehnung der Passage auf Seite von *A*) mit 1500 Versen ausfüllt.

22] Die V. 889—95, durch *ABG* gestützt, mangeln *P*.

23] 4332—37 heisst es in *ABG* der Hauptsache nach übereinstimmend:

    [Cil] .. Ameroit moult tost le pior.
    Sire qui aime malvestie
    A tost prodome mesproisie,
    Et le mauvais qui samble lui
    A tost leve et mis en pui.

Dadurch, dass *P* 4333 und 34 auslässt, verstümmelt es zweifellos den Sinn.

24] Bei der Menge von Schmeichelnamen, welche Melior Partonopeus gibt, könnte das Fehlen von 4723 und 24 in *P* nicht auffallen, — wenn eben jene Verse nicht durch den nahezu gleichen Wortlaut von *ABG* gestützt würden.

25] Bemerkenswert ist es, dass das in *ABG* enthaltene Lob der Damen (5475—5507) in *P* fehlt.

26] Die Verse 5913—17 fehlen in *P*. Sie lauten in *ABG*:

    5912 Car lalons ore tuit sinant,
    5913 Et ma dame soit seule ici,
    Tant que nos repairons a li.
    Dame, fait il, ne vos anuit.
    Atant sinent le sanc trestuit.

Es ist der Schluss von Marucs Rede, der den Vorschlag macht, der Blutspur in den Ardennen zu folgen und seine Herrin kurzweg am Platze zurückbleiben heisst, bis er mit den Gefährten wiederkomme. *P* bietet folgenden Text:

5912 »Car lalons ore ades siuant,
5912a Savoir sel porrions trover«.
5912b La pucele les let aler:
5912c Sole remaint, quel lo vielt si
5912d Por un sospir quele a ol.
5917 Partonopeus est dilueo pres etc.

Wenn auch die Lesart von *P*, mit Berücksichtigung des Verhältnisses von Herrin und Diener, passender scheint, so ist doch wohl ausgeschlossen, dass *A*, *B* und *G* sie auf gleiche Weise variirt haben sollten.

27] Auch der Excurs über die Damen 6225—67 *ABG* (in *G* fehlen die V. 6101—6253, s. o.) ist in *P* nicht überliefert, ebensowenig 7087—7109.

28] Dass 7513—21, 7581—85, 7987—8037 *P* fehlen, ist besonders darum zu notiren, weil sich auch unser Partonopeusfragment auf die Seite von *ABG* stellt.

29] Von solchen Versen, die in *P* nicht erhalten sind, während sie *ABG* bieten, seien noch erwähnt: 1241 u. 42, 1505 u. 6 1709 u. 10, 2331 u. 32, 2677 u. 78, 2837 u. 38, 3035 u. 36, 4739 u. 40, 4873 u. 74, 6869—73, 6927—31, 6935 u. 36, 7165—71, 7201—25, 7267—79, 7283—7327, 7343—67, 8367—95, 8405—25, 8911 u. 12. Dass *P* sich der Abschweifungen und persönlichen Bemerkungen des Dichters enthält, ist zu beachten.

30] Die Verse einer Reihe von Paaren finden sich in *P*, mit *ABG* verglichen, umgestellt: 1349 u. 50, 1711 u. 12, 2065 u. 66, 2895 u. 96, 3319 u. 20, 8263 u. 64, 8727 u. 28, 8865 u. 66.

31] 1449 u. 50 befinden sich in *P* zwischen 1440 u. 41 und auf 1448 folgt dann unmittelbar 1451. 3803 u. 4 fehlen an der richtigen Stelle, und zwischen 3812 u. 15 stehen die Verse 3803, 3804, 3814, 3813, welche Reihenfolge kaum für ursprünglich zu halten ist. — Zwischen 8194 u. 99 stehen die Verse in der Ordnung 97, 98, 95, 96.

32] Zusatzverse hat *P* zwischen folgenden von *ABG*: 2680 u. 81, 2758 u. 63 (2759—63 *AB* fehlen in *GP*), 3834 u. 35, 8320 u. 21, 8478 u. 79, 8560 u. 61, 8636 u. 37, 8696 u. 97 je 2; 8127 u. 28 des Drucks finden sich, wie schon bemerkt, ebe falls nur in *P*. — 4 Zusatzverse überliefert *P* zwischen 8606 und 8607.

33] Die V. 7901—4 lauten in *ABG* (und *F*):

    7901 Li rois Corsols les vit premiers:
    7902 »Je voi«, fait il, »deux cevaliers
    7903 Venir miols que ceste autre gent« etc.

P schiebt 2 V. ein:

    7901 Li rois Corsous les voit venir
    7901a Tos aprestez com de ferir:
    7902 »Je voi«, fet il, »dos chevaliers
    7902a Moult bien armes sor lor destriers
    7903 Venir miels« etc.

34] Schliesslich ist zu notiren, dass *P* an Stelle der V. 8347 u. 48 von *ABG*:

    »S espee trait, si fiert manois
    Si sest delivres de ces trois; (devolepes des t.: BG)«

4 drastischer sein sollende enthält:

    Et que de lance et que d espee
    Prent et done mainte colee;
    Ains quil en soit desvolopez
    Est ses branz tos ensanglantez.

III. F ist weder Vorlage der Hss. ABGP, noch aus einer derselben copirt.

35] 7561 u. 62, wenn auch nicht für den Zusammenhang unentbehrlich, so doch durchaus unverdächtig, fehlen *F* allein. Da 7562 mit »*Par tot le cors*« beginnt, wie 7560, so liegt höchst wahrscheinlich ein einfaches Uebersprigen beim Copiren vor. — 7733 u. 34 *BGP**), die schwerlich aufzugeben, sind ebenfalls in *F* nicht erhalten.

36] Zwischen 7686 u. 87 *BGP**) schaltet *F* die vollkommen überflüssigen Verse ein:

    »Sor les sains le vous jurerai
    Qu en la prison me remetrai«.

Auch nach 7922 bietet *F* 2 Verse, die in *ABGP* nicht vorliegen. 7974 berichten *ABGP* ~~~~~~~~ von Persien:

---

*) A — Lücke

genügen diese Epitheta nicht und es verflacht daher den Vers zu dreien:
> Moult par aime chiens et oisiax
> Hardist est et chevalerouz,
> Sages, humles, larges et douz.

37] 7797 u. 98 *BGP* in *F* umgekehrt. — Nach 7815 *F* ist Gaudin der Sohn »*dun riche empereor*«; *ABGP* lesen richtig: »*dun r. vavasor*«.

7865 **F**: Messe oient de la trinite; **ABGP**: Messe ont oïe et sont arme.
7920 **F**: En ce novel tornoiement; **ABGP**: En cel tendre (**A**: premier) commencement.

38] 7844 **A**: Buer vos encontraisse jo hui; **BGPF**: — — - je ci.
7887 **A**: Et Gondres, li viols lairos; **BGPF**: Et Gondredes, li vielz artous.

39] 7876 **B**: As creteals de la tor amont; **AGPF**: As estres etc.

7886 liest *B* bei der Aufzählung der Preisrichter:
> Si est Corsabres et Anfous.

AGPF: Corsabre, Ansors as grans tresors.

7985—91 fehlen *B*, offenbar in Folge eines Versschluss von 7984 und von 7990 beidemale »*luryece*«). *F* geht mit *AG**). — 8006 u. 7 mangeln ebenfalls *B*, dessen verstümmelte Lesart lautet:
> 8005 Nusent mais blans chainsis rides.
> 8008 Nierent mais a tornoi portes

F liest mit *AG*:
> 8005 Nusent mais blans cainses rides,
> 8006 Ne las de soie n lor costes.
> 8007 Ne ces longes mances rideos
> 8008 Nierent mais a tornois porteea.

40] 7639 u. 40 in *G* umgestellt. *F* geht mit *ABP*.
7752 **G**: Et deux isles i a riens mes; **BPF**: .X. lives i a et ne mes.
7909 u. 10 verstümmelt *G*:
> Or prenon garde qui il sont
> Et de quel pais parti sont.

F mit **ABP**:
> Or prendes garde quil feront
> Puis demanderons qui il sont.

41] Vgl. 28] wegen der V. 7513—21 und 7581—85 und 33] wegen 7901 ff. — 7739 u. 40 in *P* etwas abweichend und umgekehrt; *F* geht mit *BG*.

---

*) In P fehlt 7987—8037.

42] *F* schreibt wie *P* »*Uracle*«, z. B. 7879.
7663 u. 64 GF: Partonopeus remest dolens
Moult a en soi granz marremenz
BP: Moult li siet bien a dos li vens
Partonopeus remaint dolens.
7671 u. 72 *GF* fehlen in *BP*.

IV. Gemeinsame Lesarten von zwei Handschriften gegen die der anderen.

A. Gemeinsame Lesarten von AB gegenüber GP.

1) Gemeinsame Fehler von *GP* gegen *AB*.

a) Sachliche und sprachliche Fehler.

43] 1042—45 ist von den beiden wunderbaren »*bacin*« die Rede: deren schon früher (V. 975 ff.) Erwähnung gethan ist. *GP* lesen
(Quant) .. Et li bacin doivent (P: vienent) servir
Quil (P: Qui) font sanblant que bien le vuelent
Quil versent (P: Qui donent) leve et la recuillent.

Die durchaus unnatürliche Stellung der zu »*bacin*« gehörigen Nebensätze ist in *AB* vermieden. Sie bieten folgenden Text:
Quant .. li bacin vienent servir
1043 Qui laigue versent et recuellent,
1044 Et font sanblant, que bien le (li) vuellent:
La b. t. etc.

44] 1084, bei Erwähnung des Feuersalamanders »*qui fors de feu ne sait garir*« lesen *GP*: *Ne fors ne sait son poil norrir*. Dieser nichtssagenden Variation des vorhergehenden Gedankens gegenüber steht *AB*: *Ne fus ne puet son poil bruir*.

45] 1094 behaupten *GP*, die zwei wunderbaren Kerzen seien »*Arriere en la chanbre dont sont*« entschwunden. *AB* haben richtig: *A. el palais dont il sont*.

46] In *GP* finden sich die V. 1127 u. 28 zwischen 1122 u. 23 von *AB*, deren Versfolge wegen ihrer grösseren Ungezwungenheit vorzuziehen ist.

47] 1139 u. 40 *AB*:
La damoisele atant s estent
Et de (B: o) son pie le tousel sent.

GP: 1139 = *AB* und 1140:
>Et le danzel de son pie sent G;
>La damoisele a son pie sant P;

da die Jungfrau auch in 1140 Subject ist, muss die Stellung von *AB* als die correcte gelten. Das »*la damoisele*« in 1140 von *P* ist offenbar aus 1139 eingedrungen.

48] Melior beklagt ihre Schwachheit und sagt, wenn sie Kraft *(force)* habe, würde sie dem Jüngling die Finger zerbrochen haben, anstatt ihm zu willen zu sein. In diesem Zusammenhang heisst es 1311 *AB*: *Mais bien sentes, que feble sui;* *GP* bieten das sinnlose: *Muis bien sentes, que fole sui.*

49] Dem offenbar richtigen »*Tote Besance est mes empires*« von *AB* 1337 stellen *GP* das unsinnige »*Tote la terre est mes (P un) anpires*« entgegen.

50] 1720 melden *AB* von der Mündung der Oire: *Grans nes i suelent (puent B) arriver.* Die Lesart von *GP*: »*Ou gent ne pueent arriver*« trägt dem gegenüber gerade nicht zur Hebung des von Melior stolz geschilderten Landschaftsbildes bei.

51] Partonopeus denkt, nachdem er ein Jahr bei Melior gewesen, wieder an die Heimat und macht sich Vorwürfe,
>»(Et) quil a mis le siecle si
>Arriere dos et en obli«,

wie wir 1887 u. 88 *AB* lesen. Die Stelle wäre uns aus *GP*:
>»Que il avoit lo siecle issi
>Arrieres dos et en obli«

kaum klar geworden.

52] Melior entlässt den Geliebten mit der Mahnung:
>Qu a nule autre n aies amor,
>Ne n en prendes nule a oissor.

(*AB* 1903 u. 4). Sie unterscheidet ausdrücklich Liebesverhältnis und öffentliche Ehe. In *GP* lautet V. 1904: *Ne ne prenez nul autre oissor.* Nach *GP* läge einfach Tautologie vor. Das »*autre*« in 1904 ist aus 1903 in den Vers gerathen.

53] 2259 wird von Partonopeus gesprochen, der den Feind bis unter die Mauern von Chaars verfolgt: »*Dedenz les fosses les a mis* *AB*; *GP* dagegen das unverständliche: »*Dedenz lor forfait les a mis*«.

54] Aus »*Quant cuide a ses bares iscir*« (*AB* 2271) ist in *GP* »*Quant cuide o ses barons issir*« geworden.

55] Marukins spricht im Kriegsrath Sornegurs. In *AB* wird er mit den Worten eingeführt (2426 u. 27):

> Or ne laira que il ne die,
> Que mges a dit Loemern.

Dann erst beginnt die directe Rede. *GP* lesen:

> »Ne lairai,« fait il, »tot no die
> Que soies au (saives a P) dit Loemern«.

56] 2463 steht dem passenden Text von *AB*: *Et sains conquest et sains honor* das unverständliche: *Et sains conseil* etc. von *GP* entgegen.

57] *GP* liest den zweisilbigen Stadtnamen einsilbig (Chars für Chaars *AB*). Dass die Lesart von *AB* die richtige, zeigt z. B. die Stelle: Sornegur befiehlt, dass

(2531 **AB**) Devant Chaars soit l assemblee
2532 Et soit tote sa gens armee
Et . .
GP Devant Chars soit a l asanblee
2532 Et soit eto.

In dem letzteren Texte mangelt 2531 das Subject, welches nicht etwa vorausgeht, sondern, wie *AB* lehren, »*l assemblee*« ist.

58] Als Partonopeus seinen königlichen Herrn bittet, den entscheidenden Zweikampf mit Sornegur bestehen zu dürfen, ist jener anfangs abgeneigt, den Wunsch zu erfüllen. 2759—63 lauten, dem Zusammenhang entsprechend, in *AB*:

> Trop estes jovenes et tenres,
> Et Sornegur n est pas vallez.
> Bons cevaliers est et proves,
> Soufrans et fors et adures.
> (2763) Bien sai que vos estes plus pros
> . . . Mais etc.

GP lassen die 4 genannten Verse aus: wiederum ein Beweis für die Gruppirung *AB* gegen *GP*. Vgl. 32].

59] In dem Passus, der sich, im Anschlusse an die Erfolge des Partonopeus dem Gegner im Zweikampfe gegenüber, mit der Macht der Liebe beschäftigt, heisst es 3431 ff. (*AB*):

> Segnor, ne vos anuit, por Deu,
> 3432 So j entrelais Partonopeu, (B Se jo relais P.)
> 3433 Et paroil de co dont plus pens;

3434 Car u soit folie u soit sens: (B Car o soit o folie o sens)
3435 U as dolor, la est tes dois;
3436 U as amor, cele part vois.
3437 Li duis siolt estre a le dolor, (B Le main met on a la d.)
3438 Et li iols tos jors u l amor (B Et les jex v on a amor).

GP bieten die Verse 3433 - 37 nicht. Dieselben schliessen sich äusserst natürlich an 3432 an und sind zum Verständnis von 3437 u. 38 (von den 4 Hss. überliefert) nicht wohl entbehrlich. Bei dieser Gelegenheit etwa auf die allgemeine Frage einzugehen, ob die persönlichen Passagen wirklich von dem Dichter herrühren, scheint nutzlos zu sein. Es wird stets die Berechtigung fehlen, eine sicher überlieferte — z. B. in allen Mss. wie dies 3425 f. geschieht —, persönliche Stelle in der Textausgabe einfach auszumerzen.

60] 3973 u. 74 lauten in *AB*:
> Se poons faire qu il l afit,
> Retenu l en aurons, je quit.

In *GP* heisst V. 3974: *Retenir lo porrons, ce cuit*. Es handelt sich um den etwas heiklen Plan, Partonopeus der Gewalt der »Fee« zu entreissen. Die Lesart von *AB* entspricht bei weitem besser als Ausdruck der Wirkung des drastischen Mittels.

61] 4201 *AB*: *Se li a tot dit une nuit* (Reimwort: *deduit*). Es ist wohl kaum ein wiederholtes, selbständiges Versehen, wenn *P* wie *G* schreibt: *Si li a tot une nuit dit*.

62] 4435 *AB* gesteht Partonopeus seinem geistlichen Berater: »*Une dame aim qu onques ne vi*«. *GP* vergessen beide das »*aim*«, wodurch der Satz sinnlos wird.

63] Wenn *AB* (4569—72) erzählen — Melior spricht —:
> »Mes peres par argu fu cers,
> Desco que fui petis (B petite) en bers,
> Qu il n auroit nul autre oir que (B de) moi«,

so können sich *GP* nicht versagen, die Weissagung in die Kindheit des Vaters zurückzuverlegen:
GP 4570 Desce quil fu petiz en bers.

64] 5681 u. 82, welche ganz bedenklich dem in 5680 abgeschlossenen Gedanken nachhinken und darum wohl eingeschoben sind, finden sich in *GP*, fehlen in *B*. *A* hat Lücke zwischen f° 33 und f° 34.

65] 6025 melden *AB* von Urraque: *Si fait une fause novele*. *GP: Si faint* etc.
66] 6359 *AB*: *Tant men feistes mal sumblant*. *GP*: *Tant me feistes lait semblant*.
67] 8683 *AB*: *Que contre terre l a verse*. *GP*: *Que contre terre la tombe*.

b) Zahlen.

68] 244 *AB* wird uns erzählt, dass Troja sich neun Jahre gegen die Griechen hielt. Das 10. Jahr, »in dem Hector fiel«, wird überlegtermassen nicht mitgerechnet. *G* überliefert: XX ans; *P*: X ans.

69] 1023 wissen *GP* zu melden: *Si berious LX fois* (*G*: *Si beries quarante jois*); *A*: *Se uns enbuit entosche frois*; *B*: *Se buties tosniche fruis*; die sonderbare Zahlangabe, mag sie auch in beiden Handschriften verschieden sein, stellt *G* und *P* zusammen.

70] 1666 u. 67. *AB*:
 (Li prei Durent deux grans lives de le
 Et dix lives durent de lonc.
GP Durent X granz liues de lez
 Et vint lues durent de lonc.

71] 2069 heisst es *AB*: *Doi mile en sont a lui* (Part.) *venu*. *GP* wissen, dass es 10000 Ritter gewesen seien.

72] 2168 erscheinen in *AB* 2000 Ritter in der Begleitung des Königs: *GP*: 10000.

73] 2395 wird in *AB* behauptet, der König habe Sornegur für den Fall des Abzugs unter anderem »*rint Lions*« angeboten. *GP* thun es nicht unter 1000 Wüstenkönigen. — Wenn in den vorangehenden Nummern nichts bestimmtes gegen die Lesart von *GP* vorgebracht werden konnte, und sich eben nur die Gruppirung *AB* gegen *GP* zeigte, muss die überlieferte Anzahl der Löwen sicher als geschmacklose Uebertreibung gelten.

74] Nach 2590 *AB* zählt Sornegurs Heer 400000 Mann. In *GP* ist die Zahl übereinstimmend auf 200000 angegeben.

c) Namen.

75] 445 heisst in *AB* der Nachfolger des Childerich *Cloevis* (dreisilbig); *GP* trägt er den etwas ungewöhnlichen Namen: *Clooviers* (dreisilbig)*).

76] In *AB* erscheint 2079 Sornegur als König, der viel Ritterschaft »*de Guenelande et d Orcanie*« mit sich führte. *G* sagt: *de Grivelande (Grinelande); P de Grimelande.*

77] 2235 erzählen *AB* von Partonopeus »*Et fiert Lugan (B Lucan) del brant forbi.* *G*: *Ludon*; *P*: *Ludun*.

2) Fälle, in denen sich *AB* eines evidenten Fehlers schuldig machte, während *GP* das Richtige böte, liegen nicht vor.

B. Lesarten von GP gegen die unter einander abweichenden von A und B.

78] 1976 besteigt in *GP* Partonopeus sein Pferd »*quoiement*«; *A*: *erranment*; *B*: *isnelement*.

79] 2665 behauptet der Clerc Sornegur gegenüber von Mares: *Moult vos a este buens et doz GP*; *A*: *Moult pur a este a vos dous*; *B*: *Moult a este a vos sol dols*.

80] 2673 heisst es in dem nämlichen Zusammenhange: *Ensi vos sert il de blandie GP*; *A*: *Ensi vos sert il de gandie*; *B*: *Ensi vos sert il parboisdie*.

81] 3245 wird von Part. berichtet: *Si l a si en esclain feru, Que* etc. *GP*; *A*: (das Object »*en l elme*« geht voraus) *L a si tres durement feru, Que* etc. *B*: *Si l a si en eschiu feru, Que* etc.

82] 3289 u. 90. *GP*: *Grant aventure et grant proesce Pocz oir et grant destrece*; *A*: Die beiden Reimwörter sind umgestellt. *B*: 3289 = *A*; 3290: *Poes oir et grant noblece*.

83] 3964 bittet des Partonop. Mutter den König um »*Deus buens (G beax) pichiers de buen (G beau) vin der GP*; *A*:

---

*) 1909 wiederholt sich der Fall. G schreibt beidemale Cloou's. P liest vielleicht auch Cloemers; es gebraucht keine Abkürzung.

Deux beaus bouceaus de bon vin cler; B: *.II. pos de vin et net et cler.*

84] 4428 sagen *GP* von Part.: *Car ses cuers est tos bestornes;* A: *mestornes;* B: *trestornes.*

85] 4506 heisst es von Melior: *Les son ami s est aloee GP;* A: *Les son ami est acostee;* B: *Les son ami est avalee.*

86] 5066 gürtet Urr. unserem Helden *la cainture* um »*De quir d Irlande fort et dure*« *GP;* A: *De cuir bien faite, fort et dure;* B: *D un cuir de geivre forte et dure.*

87] 6000 ff. lesen wir in *GP* (Urr. giebt sich Partonop. zu erkennen):

    Et reconnoistroix miels l ostrage
    Que me faites de cest dangier
    Et de moi desor vos chacier.
A Si n reconistres miols l outrage
    Que me faites et cest dangier
    De vo non que n oi retraitier;
B Si ni conistrois nul ostage
    Que me faites; de ce dangier
    Voles moi d ensur vos chacier.

88] 8582 *GP*: *Car trop amer n est mie jeus;* A: *bien;* B: *moult.*

89] 8914 *GP* (von einem Turnierteilnehmer): *Moult i deroche chevaliers.* (*G: desroiche*). A: *Moult i trebuce cevaliers;* B: *desmonte chev.*

C. Lesarten von AB gegen die unter einander abweichenden von G und P.

90] 2320 *AB* wird davon gesprochen, dass das französische Heer in einem Monat auf 60000 Mann angewachsen sei. *G: L mile;* P: *XL mil.*

91] 4995. Urr. giebt Melior den Rat, den Grossen des Reiches ihren Entschluss, sich mit Partonop. zu vermählen, mitzuteilen, wenn doch einmal das Geheimnis verraten sei. *AB* lesen:

    4995 Car vos dites qu il le sauront,
    4996 Des (B Tres) qu il onques cestui veront.
    4997 Por ce l tieng a plus avenant,
        Que etc.

G 4995 ff. *Que vers nos dites qu il auront
Des qu il etc.
P Car vous dites qu aillors aimont (!)
Tres quil etc.*

92] 6978 berichten *AB* die Aeusserung Meliors, dass eine mitleidlose Spröde nicht »auf einmal sterben« dürfe: *Ains doit tos jors morant languir.* *G: Ains doit tos tens morant languir.* *P: Ains doit vivre por mal soffrir.*

D. Dass in keiner der beiden Gruppen AB und GP eine Hs. die Quelle der anderen ist,

hat der Hauptsache nach schon Abschnitt II dargethan. Hier seien zu demselben Behufe noch einige bemerkenswerte isolirte Lesarten behandelt.

1) *A* gegen *BGP*.

93] 74 *A*: *La merci Deu et nos segnor.* *BGP* mit Vermeidung der Tautologie, also wohl richtiger: *La merci Deu et mon Segnor.* (Der Dichter spricht).

94] 1056 u. 57. *A*: .. *Pieca n ot mais de loisir tant, Et quant il se rest esclemis*; *BGP*: *Pieca qu il not desaise tant, Et quant il se rest esperis Seit* etc.

95] Nach 2342 *A* befinden sich im französischen Heere auch »*Et li Normant et li Breton*«. *B* erwähnt an dieser Stelle in Uebereinstimmung mit *G* und *P*: *Li Angevin et li Breton*.

96] 3890 liest *A*: »*Ne sai, dame, si mait Deus*«. Wie der fehlende Reim zeigt, ist die Lesart von *A* falsch. Im Verein mit *GP* bietet *B*: »*Ne sai, par foi le vos plevis*«.

97] 8199 und 8200 heisst es von Partonopeus und seinem Turnierfreunde: »*Et nel laissent por le tierc jor Nel facent bien li poigneor*«. *A* gegenüber der Text von *BGP*: *Et nel laissent por nul effroi* (*G*: *estrui*, *P*: *estui*) *Nel facent bien tot a ennoi* (*GP*: *enui*).

98] 8656 berichtet *A* über Part.: (*Tant l en avient bone aventure*) »*Quil s en part bel sains bleceure*«. *BGP*: »*Que tot ades sens demesure*« (*G*: *a desm.*).

2) *B* gegen *AGP*.

99] 1426 *B*: *(Si m aures plus de moult a dru)* »*Por ce que m aves secoru*«. · *A*, gestützt durch *GP*: *(Et m aures moult de plus a dru)* »*Deco que l m aves consentu*«. *(GP: De ce que m aves c.)*.

100] 1446 *B*: (Es sind nur dritthalb Jahre) »*Jusqu a cel terme que je di*«. *AGP: Trosqua cele eure que vos di*.

101] 1479 *B*: *(Car ensi est li covenans)* »*De moi et de ciax de m onor*«. *AGP*: »*De moi a tos cels de m onor*«.

102] 2095 *B*: (Der König von Frankreich) *N a que .II. mile chevaliers*; *AGP: dix m.*

103] 2098 *B*: Part. hat ».*III. mile*« herbeigeführt; *A* im Verein mit *GP* spricht von »*cinq m.*«

104] 3065 bietet *B* die Lesart: »*Li chevaus chiet sor l erbe drue*«. *AGP* lesen: »*Li noirs cevals arbre (G: cabre) et ernue*«. Da aus den folgenden Versen hervorgeht, dass das Ross in diesem Momente noch nicht fällt, so ist der Text von *B* unrichtig.

105] Auch 3070 *B*: (Man konnte die Franzosen sehen) »*Et de bon cuer a Deu crier*« gegen *AGP*: »*Et de bon cuer Deu reclamer*« ist zu notiren.

106] 6771 ff. heisst es bei Urraques Rückkehr:

    B Partonopeus la voit venir,
    Moult s en commence a esjoïr;
    6773 Grant joie en a; mais Persowis
    6774 L amaist moult mels empereris.

AGP giebt 6774 erst einen Sinn durch den Text: »*L amast moult miols en paradis*«. Nebenbei sei noch bemerkt, dass *P* 6773 liest »*Grant joie en ai; ..*«, die Gelegenheit also ergreift, den »Dichter« eine persönliche Bemerkung machen zu lassen.

107] Partonopeus wird von Urr. und Pers. bewaffnet; wir lesen 6831 ff.:

    B Uraque li dist qu il la (une espee) chaigne;
    6832 »Voles«, fait il, »ke j entreprengne?«
    6833 El li demande de qu il chose;
    6834 Et il li dist ke il nen ose.
    6835 Car Melior li defendi etc.

AGP stützen gemeinsam die Lesart: 6832 *Mais ne puet muer, ne s enfaigne;* 6833 *El li demande que ce doit,* 6834 *Et il li dist qu il n i a droit.* 6835 *Car etc.* (In 6834 liest *G:* .. *qu il en a droit;* P: *que ele a droit).* Die Zwischenfrage in *B* mag scherzhaft sein: doch kann sie den Text von *AGP* nicht beseitigen.

108] 8830 u. 31 *AGP:*
    Qui (l espee) buer (G: bar) fust el sarciu trovee
    Fors est et dure et anciene.
  B Qui fu en un sarcou trovee,
    Fors est d soier et dure et saine.

3) G gegen *ABP.*

109] 1213 *G: Se ge i devoie estre pris;* P mit *AB: Se g i (Se je BP) devoie ore estre p.*

110] 1892 heisst es von Part., dass er an nichts denke *Fors de s amie qu il avoit G; ABP:* .. *quil amoit.* Es ist schwer zu sagen, welche von beiden Lesarten die fadere ist, doch wird man die letztere vorziehen müssen.

111] 1921 u. 22 liest *G: Hiembles soies vers totes gens Dones lor dons et garnemens.* P bietet mit *AB* richtig »*povres gens*« und »*dras*« für »*dons*«.

112] 1972 heisst es in P wie in *AB* richtig, dass Part. angekommen sei »*molt pres de Blois*«. In *G* steht nichtssagend »*delez .I. bois*«.

113] 1974 *G:* (P. sieht kein lebendes Wesen) »*fors seul levriers*« und »*son cheval*«. *AB* und P sprechen von bestimmten »*levriers*« *(AB: fors les l.;* P: *ses)*, was, da sie in der That nicht zum ersten Male auftreten, und »*son ch.*« gesichert ist, anzunehmen ist.

114] 2375 u. 76 *G:* »*Primes parla rois Loherans; Apres laira parler ses parens*«. Abgesehen von dem falschen Namen in 2375 enthält 2376 eine Silbe zuviel. P liest mit *AB* richtig: »*Primes parla rois Leemer; Apres laira parler son per*«. (*AB: Loemers: ses pers).*

115] 2591 *G* klagt Sornegur: »*Li.V. millier ne sont pas mien*«.

ABP nehmen »*cent mile*« an. Sorn. will ohne Zweifel sagen, dass er sich auf niemanden in seinem Heere verlassen kann. Da nun weder in *G* noch in *AB* und *P* die Zahl der (übrigens verschieden angegebenen, vgl. No. 74]) Gesammtheeresstärke steht, so ist keine der Lesarten unverdächtig. Doch wird man sich für die letztere nicht nur ihrer grösseren Sicherheit, sondern auch der Natürlichkeit des Ausdrucks halber entscheiden.

116] 2939 u. 2943 meldet *G*, dass Sorn. und der König von Frankreich je 100 Ritter mit der Bewachung des Zweikampfplatzes betrauten, während *P* mit *AB* von 1000 weiss. Es wird sich gegen die Lesart von *ABP* durchaus nichts einwenden lassen, umsoweniger als die Angabe von *G* eine irrtümliche Wiederholung aus 2916 u. 17 (wo nach dem Bericht aller Hss. die beiden Fürsten zur Erledigung der notwendigen Formalitäten mit je 100 Rittern zusammenkommen) zu sein scheint.

117] 3235 *P* mit *AB*: »*Li rois sa besague tient Et vers Part. en vient*«. *G* ist wie folgt verstümmelt: »*Li rois les va bien agaitant, Envers P. s en vient*«.

118] 3954. Des Part. Mutter rühmt die Schönheit der Nichte des Königs: »*Na plus vaillant dusqu a Tudele*« *ABP*. *G* liest, nachdem schon im vorhergehenden Verse der Nichte das Prädicat »*bele*« von allen Handschriften beigelegt ist, »*N a si bele trusqu u Bordele*«.

119] 4642 schreibt *G* Melior die Fähigkeit zu, ».*XX. mile*« Menschen sich gegenüber unsichtbar zu machen. *P* liest gleich *AB* ».*C. mile*«.

120] 5920 ff. Als Maruc mit der übrigen Begleitung Urraques der Blutspur in den Ardennen nachgegangen ist, heisst es in *AB* und *P*:

```
5920 Mais la dame li (den nahebei liegenden Part.) apercoit
5921 Par un sospir quil a jete.
5922 Si l a longuement esgarde.
```
G liest dafür:
```
            Mais la dame qui l apercoit
            Par un soupir l a esgarde
            Qu il a sodainement gite.
```

GP: 1139 = *AB* und 1140:
> Et le danzel de son pie sent G;
> La damoisele a son pie sant P;

da die Jungfrau auch in 1140 Subject ist, muss die Stellung von *AB* als die correcte gelten. Das »*la damoisele*« in 1140 von *P* ist offenbar aus 1139 eingedrungen.

48] Melior beklagt ihre Schwachheit und sagt, wenn sie Kraft *(force)* habe, würde sie dem Jüngling die Finger zerbrochen haben, anstatt ihm zu willen zu sein. In diesem Zusammenhang heisst es 1311 *AB*: *Mais bien sentes, que feble sui*; *GP* bieten das sinnlose: *Mais bien sentes, que fole sui*.

49] Dem offenbar richtigen »*Tote Besance est mes empires*« von *AB* 1337 stellen *GP* das unsinnige »*Tote la terre est mes (P un) anpires*« entgegen.

50] 1720 melden *AB* von der Mündung der Oire: *Grans nes i suelent (puent B) arriver*. Die Lesart von *GP*: »*Ou gent ne pueent arriver*« trägt dem gegenüber gerade nicht zur Hebung des von Melior stolz geschilderten Landschaftsbildes bei.

51] Partonopeus denkt, nachdem er ein Jahr bei Melior gewesen, wieder an die Heimat und macht sich Vorwürfe,
> »(Et) quil a mis le siecle si
> Arriere dos et en obli«,

wie wir 1887 u. 88 *AB* lesen. Die Stelle wäre uns aus *GP*:
> »Que il avoit lo siecle issi
> Arrieres dos et en obli«

kaum klar geworden.

52] Melior entlässt den Geliebten mit der Mahnung:
> Qu a nule autre n aies amor,
> Ne n en prendes nule a oissor.

(*AB* 1903 u. 4). Sie unterscheidet ausdrücklich Liebesverhältnis und öffentliche Ehe. In *GP* lautet V. 1904: *Ne ne prenez nul autre oissor*. Nach *GP* läge einfach Tautologie vor. Das »*autre*« in 1904 ist aus 1903 in den Vers gerathen.

53] 2259 wird von Partonopeus gesprochen, der den Feind bis unter die Mauern von Chaars verfolgt: »*Dedenz les fosses les a mis* *AB*; *GP* dagegen das unverständliche: »*Dedens lor forfait les a mis*«.

54] Aus »*Quant cuide a ses bares iscir*« (*AB* 2271) ist in *GP* »*Quant cuide o ses barons issir*« geworden.

55] Marukins spricht im Kriegsrath Sornegurs. In *AB* wird er mit den Worten eingeführt (2426 u. 27):

    Or ne laira que il ne die,
    Que mges a dit Loemers.

Dann erst beginnt die directe Rede. *GP* lesen:

    »Ne lairai,« fuit il, »tot ne die
    Que soiez au (saives n P) dit Loemers«.

56] 2463 steht dem passenden Text von *AB*: *Et sains conquest et sains honor* das unverständliche: *Et sains conseil* etc. von *GP* entgegen.

57] *GP* liest den zweisilbigen Stadtnamen einsilbig (Chars für Chaars *AB*). Dass die Lesart von *AB* die richtige, zeigt z. B. die Stelle: Sornegur befiehlt, dass

  (2531 AB) Devant Chaars soit l assemblee
       2532 Et soit tote sa gens armee
       Et ..
       GP Devant Chars soit a l asanblee
      2532 Et soit etc.

In dem letzteren Texte mangelt 2531 das Subject, welches nicht etwa vorausgeht, sondern, wie *AB* lehren, »*l assemblee*« ist.

58] Als Partonopeus seinen königlichen Herrn bittet, den entscheidenden Zweikampf mit Sornegur bestehen zu dürfen, ist jener anfangs abgeneigt, den Wunsch zu erfüllen. 2759—63 lauten, dem Zusammenhang entsprechend, in *AB*:

    Trop estes jovenes et tenres,
    Et Sornegur n est pas valles.
    Bons cevaliers est et proves,
    Soufrans et fors et adures.
  (2763) Bien sai que vos estes plus pros
     ... Mais etc.

GP lassen die 4 genannten Verse aus: wiederum ein Beweis für die Gruppirung *AB* gegen *GP*. Vgl. 32].

59] In dem Passus, der sich, im Anschlusse an die Erfolge des Partonopeus dem Gegner im Zweikampfe gegenüber, mit der Macht der Liebe beschäftigt, heisst es 3431 ff. (*AB*):

    Segnor, ne vos annit, por Deu,
  3432 Se j entrelais Partonopeu, (B Se jo relais P.)
  3433 Et paroil de co dont plus pens;

133] 8740 verbirgt Melior nach der köstlichen Intention des Dichters ihre wahre Gesinnung hinter einer nichtssagenden Phrase: *(Moi est avis)* »*Moult en i a qui l ont fait pis*« *ABG*. *P* zerstört plump den Witz: »*Qu a l escu blanc remaint li pris*«.

E. Gemeinsame Lesarten von AG gegen BP.

134] 246 wird behauptet, dass Troja sich in alle Ewigkeit gehalten hätte, *S ele ne fust as Grius rendue AG; BP: vendue*; die Ursache, warum Anchises die Stadt verraten haben soll, ist nicht genauer angegeben (270 heisst es, er liess die Griechen bei Nacht eindringen, »*por qu il peust od els reuber*«), deshalb ist schwer zu sagen, welche Lesart die originale sei. »*rendue*« ist recht wohl zulässig in der Bedeutung »verräterisch überliefert« im Gegensatz zu »in ehrlichem Kampfe erobert«. — Angenommen, *AG* lese richtig, so kann die Uebereinstimmung von *BP* unschwer zufällig sein.

135] 3144 lesen *AG*: »*Moult li empire son eur*« (Reimwort: Sornegur); *BP*: »*Moult li empire ses escus*« (Reimwort *B*: Sornegurs; *P*: Sorneguz). Die Lesart von *AG* giebt einen befriedigenden Sinn, und dass in *BP* ein Fehler vorliegt, zeigt evident der verstümmelte Eigenname resp. der mangelnde Reim.

136] Auffällig ist die folgende Combination von *AG* gegen *BP*: Der Bischof von Paris ermahnt Partonopeus, Gott zu lieben und ihm in Dankbarkeit zu dienen. In diesem Passus stehen die V. 4389 u. 90 *AG*, gegen die in Bezug auf Sinn und Zusammenhang nichts wesentliches einzuwenden ist:

```
4387 Ames raison et loiaute,
4388 Donc l aures bien servi a gre:
4389 Et quant l aures a gre servi,
4390 Donc aures segnor et ami . . .
4391 Sire, vos ert a bien (Θ: vos) garder, etc.
```

Ebensowenig, wie sie anstössig sind, müssen 4389 u. 90, welche in *BP* thatsächlich fehlen, für unentbehrlich gehalten werden. Sollten sie zufällig oder aus sonst einem nicht erkennbaren Grunde von den beiden Schreibern selbständig weggelassen worden sein?

137] 4350 z. B. und sonst wird in allen Hss. von dem »*evesque de Paris*« gesprochen. 4765 wird dieser Prälat in *AG* in gleicher Weise titulirt; in *BP* heisst er »*archevesque*«. Die Verse sind sonst gleich und zählen bei Elision des Schluss-e von *archevesque* vor dem folgenden »*et*« beidemale 8 Silben.

138] Die diplomatische Urraque teilt Melior mit, dass Part. um seiner unglücklichen Liebe willen »den Verstand verloren haben solle«. Da heisst es 6369 u. 70 *A*: »*Or ne vos en proierons mes, N a vos pies n en chierons a fes*«; *G*: *Or ne vos proierai jamais, Ne a vos pies ne chierai mais.* In *BP* stimmt 6369 überein: »*Ne vos en estuet mais proier*«, (6370 *B*: *Ne por s amor enginillier; P*: *Ne por lui a vos pies chaier*). Die Differenzen in den beiden Versen sind so mannichfach, dass auf die durch 6369 in *BP* und den verschiedenen Reim veranlasste allgemeine Gruppirung *AG* und *BP* wohl kaum ein besonderer Wert zu legen ist.

139] 6756 giebt Urraque der jungen Kaiserin den Rat, zum Gemahl ruhig zu nehmen: »*Cel qu al tornoi ert miols proisies*« *A*; »*Cel qu el tornoi miels priseres*« *G*; *BP*: »*Le millor qu el tornoi voies (P: verrois).*

140] 6794 giebt Urraque Part. die Versicherung, dass er sich kühn mit jedem messen könne, und wenn 500000 Ritter zum Turniere kämen. *AG* drücken den Gedanken so aus: »— *N aura si bien (G: bon) con vos seres*«; *BP*: »*N aura si bien (P: nul miels) arme es prez*«. Die Lesart von *AG* vermeidet die störende Wiederholung des Wortes »*armes*« aus V. 6793.

141] 7056 bittet Urraque ihre Schwester, doch ja den Gedanken an ihre frühere Liebe aufzugeben: »*Car Partonopeus est foles*« *AG*; dieser unzweifelhaft richtigen Lesart — man vgl. No. 138] — gegenüber sagen *BP* Part. überhaupt tot: »*Car Part. est finés*«.

Der Genauigkeit wegen seien noch die übrigen inbetracht kommenden Combinationen *AG* — *BP* notirt. Man wird finden, dass sie noch weniger als die bis jetzt angeführten instande sind, die Gruppirung *AB* — *GP* umzustossen:

142] 1267 *AG*: »*Vers li se traist et mist sa main* ..«; *BP*: »*Vers li se tret et met sa main* ..«
143] 1360 *AG*: »*De tos furent li plus joios*«; *BP*: »*Furent de tos li plus joios*«.
144] 1376 *AG*: »*Et tos siecles vos i amoit*«; *BP*: »*Et tos li siecles vos amoit*«.
145] 1457 *AG*: »*Et buene vile et bel castel*«; *BP*: »*Et bone vile et bon castel*«.
146] 1847 *AG*: »*Dui levrier vont a lui manois*«; *BP*: »*Dui levrier vont o lui ades*«.
147] 2394 *AG*: »*Mil murs d Espaigne sejornes*«; *BP*: »*Mil muls d E. s.*«
148] 3397 *AG*: »*Li cuers li lieve et muet et saut*«; *BP*: »*Li cuers li lieve moult et saut*«.
149] 4078 *AG*: »*Moult dolans et moult corecies*«; *BP*: »*Moult dolens et desconsellies*«.
150] 4226 *AG*: »*Et a sospirs et a dolors*«; *BP*: »*A lons sospirs et a dolors*«.
151] 5970 *AG*: »*Et Deus m en doinst encore plus*«; *BP*: »*Et Deus m en doinst en haste p.*«
152] 6736 *AG*: »*Tart est dite ceste novele*«; *BP*: »*Tart est dite ceste faveile*«.
153] 7410 *AG*: »*Et devant la dame amene*«; *BP*: »*Et devant la dame arreste*«.

F. Gemeinsame Lesarten von AP gegen BG.

154] 2026 ermahnt jeder der zwölf Knappen Part., dass er Melior ein treuer Freund sei und — sagen sie — »*Et del retor ne soit targis*« *AP*; sie laden ihn also ein, recht bald wieder nach Ciefdoire zu kommen, worin auch nach Lage des Zusammenhangs nichts befremdliches gefunden werden kann. *BG* aber lesen: »*Et du retorner soit tardis*«, wohl in irrtümlicher Auslegung von V. 2017 u. 18 (.. *Et vos gardes* .. *De li veoir dusqu a cel jor* — Tag der Schwertleite —).

155] 2175 *AP:* »*Tot premiers cevalcoit Heldins*«; *BG:* »..
Heldrins (*B* : *Eldrins*).

156] Melior spricht von ihren durch Studien erworbenen
Zauberkünsten und behauptet, durch den Ungehorsam des
Geliebten diese Fähigkeiten verloren zu haben:
4647 ff. BG : »Or m aves ci tolu mon sens
 4648 Par moi veoir sans non mens (B: Por m. v. sor mon deffens)
 4648a Que jamais nul jor de ma vie
 4648b Par moi n en ert oevre bastie.
 4649 Je sui moult bien« etc.
(Melior würde gerne ihre ganze Bücherweisheit hingeben, wenn
sie nur wieder zaubern könnte). *AP* enthalten die beiden
Verse 4648a u. 4648b nicht, die weder mit Grund zu verwerfen
noch für unentbehrlich zu halten sind. Immerhin dürfte die
Annahme, dass die besagten Verse dem Gedichte angehören
und von *A* wie von *P* selbständig ausgelassen wurden, die
grössere Wahrscheinlichkeit für sich haben.

157] 4680 *AP*: »*Nostre folie se descuevre*« (da ich nicht mehr
zaubern kann). Melior könnte an und für sich das etwas leicht-
sinnige Liebesverhältnis unter »*folie*« verstehen, und dann wäre
gegen den vorliegenden Text nichts einzuwenden. Allein es scheint
der von Melior späterhin zur Schau getragenen Unversöhnlich-
keit besser zu entsprechen, wenn sie bei der Entdeckung ihrer
intimen Freundschaft mit Part., welche die Chronique scan-
daleuse des Hofes bereichern wird, die ganze Schuld auf die
»*folie*« des Ungehorsamen schiebt. Diese Auffassung vertreten
BG, welche lesen: »*Vostre folie nos descuevre*«. (Dass »*vostre*«
zu lesen, ist unzweifelhaft, denn es steht in beiden Hss. *v* und
nicht etwa *u*).

158] 5901 wird von Urraque und Maruc, nachdem alle Schrecken
der Ardennen gemalt sind, erzählt: »*Moult sont ale, moult sont
venu*« .. *AP* (*P*: *ont ale . ont venu*); *BG:* »*Moult sont
(G: ont) ale, moult ont veu*«; *AP* bietet einen Fehler, was
klar aus dem Reim *(veu: venu)* hervorgeht. Wir dürfen wohl
annehmen, dass *A* und *P* sich selbständig verschrieben haben,
wenn sie nicht durch ihre Ausdrucksweise ein »Vor- und Rück-

wärts-, ein Hin- und Hergehen« in dem Walde bezeichnen wollten.

159] Urraque rät Melior, nur ruhig den zum Gemahl zu nehmen, welchen die Grossen des Reiches auswählen würden: »*Car le mellor vos esliront, — S il vos en portent loial foi — Qu il poront veir al tornoi.* (*AP* 7062—65; *P: buene foi, poront eslire*). Die Parenthese (V. 7063) ist so störend, dass wir — ihr Vorhandensein im Originale vorausgesetzt — leicht verstehen, wie *B* und *G* sie selbständig durch einfache Umstellung der Verse beseitigten. *BG*: »*Car le meillor vos esliront Qu il porront eslire (G: trover) el tornoi, S il vos i (G: en) portent loial foi*«.

160] Urraque weist das Pfand ihrer Schwester zurück (8499 u. 8500): »*N i a por coi me l doies tendre Ne por que l doie de vos prendre*«. *AP; BG:* »*N i a por quoi le doiez tendre (B: me doiez rendre) Ne por quoi ge le doie prendre*«.

161] 8870 wird vom Sultan behauptet, »*C est cil qui plus carge les Frans*« *AP*; *BG* lesen dagegen: »*C est cil qui plus chace les Frans*«.

Noch mögen der Vollständigkeit halber folgende Fälle erwähnt sein:

162] 1263 *AP*: »*Li enfes gist grant piece en pais*«; *BG*: »*Li enfes jut grant piece en pais*«.

163] 1306 *AP*: »*S ele rien dist, c est a vois basse*; *BG*: »*S ele dist rien,*« etc.

164] 1437 *AP*: »*Beaus dols amis, la dame dit*«; *BG: Biax dols amis, la dame a dit*«.

165] 2135 *AP*: »*Si lor faisoit portes tenir*«; *BG*: »*Si faisoit les portes tenir*«.

166] 2307 *AP*: »*De totes pars li vient grant gent*«; *BG*: *De t. p. li vienent gent*«.

167] 2344 *AP*: »*En cels a il se grant fiance*«; *BG*: »*En ceus a il moult grant fiance*«.

168] 2365 *AP*: »*Il sist en l ombre d un pomier*«; *BG: Il siet (G: sist) en l ombre des pomiers*«.

169] 2983 *AP*: »*Il siet en un bon ceval noir (P: Et s. sor un b. c. n.*«); *BG*: »*Et siet en son bon cheval noir*« *(G: Et siet sor le b. ch. n.)*; *BG* meinen das bekannte schwarze Pferd.

170] 3396 *AP*: »*Dont li est menbre de s amie*«; *BG*: »*Dont li ramenbre de s amie*«.

171] 3409 *AP*: »*Ne qu il li puisse pas gandir*«; *BG*: »*Ne qu il li puisse pas guencir*«.

172] 3717 *AP*: »*En soit li plais et en sofrance*; *BG*: »*En soit li plais mis en soffrance*«.

173] 4612 *AP*: »*Que se ce fust devant le gent*«; *BG*: »*Que se ce fust voiant la gent*«.

174] 6916 *AP*: »*A Melior od le douc ris*«; *BG*: »*A Melior o le cler vis*«.

G. Gemeinsame Lesarten von GP gegen B. (A fehlt).

175] 5123 ff. lauten in *GP*:

    L en li amoine son roncin
    5124 Et las et maigre et miserin;
    5125 A (P: Et) sa sele la desraunee
    5126 Sa chape a pluie i est trossee
    5127 Et com a sele a chaceor
    5128 Le hausart et l escorcheor. Le hernois etc.

Dagegen *B*: 5123 u. 24: »*On li maine son chaceor Ki moult est de bele color*«. 5125 u. 26 fehlen, und *B* fährt dann fort: »*Car il n estoit ne noirs ne blans*« etc. (6 in *GP* fehlende Verse). Im Anschluss daran 5127 u. 28: »*Kar ce ert seile a chaceor; Li haucel o l escorcheor*« — fehlen wieder *GP* — *Pendoit a la seille devant, Ki moult est riche et avenant.* 5129 *Son harnois* etc.

176] 5186 *GP*: »*En Ardenois, es granz couvers*«; *B*: »*En Ardenois en grans fores*«.

177] 5189 u. 90 heisst es in der Selbstverwünschung des Parl.: »*Traitres fui, si sui truhiz, Honic l ai, si sui honiz*« *GP*. *B* zerstört den Parallelismus, indem es 5190 liest:

    »*Trahic l ai, si sui honnis*«.

178] 5200—03 steht das verständliche *B* der Lesart von *GP* gegenüber. Melior ist mit der Sonne verglichen: »*Dont li mons est enluminés; Perdue l ai* (fährt Part. fort) *par ma folie: Duels est, ke je sui tant en vie*«. *GP* schreiben: »*Dont li mons est si (P: ore) asorbes Par mon orgueil, par ma folie Et par ma large felonie*«.

179] 5216 *GP*: »*Ne ge ma joie ne ma vie*«; *B*: »*Las chaitis, ne sui ke die*«. Part. klagt an dieser Stelle darüber, dass er alles verloren habe, seine Freude und sein Leben; die Lesart von *GP* ist für die richtige zu halten, besonders da der folgende Vers das an sich vielleicht auffällige »*vie*« erklärt, »*Car je morrai a tos mes dis*« *BGP*.

180] 5681 u. 82 enthalten *GP* 2 Verse, welche noch näher erklären sollen, warum Part. Anselet schlafen liess: »*Et velt miels, qu il l ait engingnie, Qu il leust as guivres baillie*«. *B* bietet diese Verse nicht, die im Grunde auch überflüssig sind.

181] Maruc behauptet, dass die Ungeheuer des Ardennerwaldes liegen würden »*Tos poorox et tot en pes, Tant que ge lor face reles*« *GP* 5857 u. 58. *B* liest 5858: »*— Aler porrons a grans solais* (Reim: *pais*).

182] 5879 u. 80 *GP*: »*Maruc n en est ne fax ne blois, Tos premiers s en entra el bois*« sind in *B* umgestellt; *P*: *Baruc .. flais .. blois* (?); *est entres. B*: »*Tos promiers est entres el bois Maruc, qui n est ne fluz ne flois*«. Die Stellung von *GP* passt sich dem Zusammenhange unbestreitbar besser an und vermeidet das ungelenke Enjambement.

183] 6629 u. 30 lauten in *BGP*: »*Et ne porquant pas ne vos di* (Melior spricht mit Urr. über Part.), *Que miels ne l amasse a ami* (*B* hat »*moult*« für »*miels*« und giebt darauf Urr. das Wort, während *GP* fortfahren): *Que nul de cax qu il esliront. Car ne porront (P: porrai) en (P: por) tot le mont Par nul engig mon cuer torner, A nul autre qu a lui amer*«. Bei *B* dürfte ein Ausfall anzunehmen sein (6631—35).

184] Merkwürdig ist die folgende Thatsache: *B* 6643 u. 44 spöttelt Urraque über Meliors Beständigkeit in der Liebe: »*Ancor quit je, qu il set changier: Tort a, si vos a fait dangier*«. Die genau übereinstimmende ziemlich unverständliche Lesart von *GP* ermangelt des Reims: »*Encor cuit je qu il soit changies: Tort a s il vos en fet dangier*«.

185] Die Könige bitten die Kaiserin, sie zu entlassen, und Melior hat nichts dagegen einzuwenden, da sie mit ihren Gefühlen allein sein möchte. »*Li roi li demandent congie, Et el ne lor en fait nul vie Quar* etc.« heisst es *B* (9006) in richtiger und natürlicher Ausdrucksweise. Der Text von *GP* ist gekünstelt: »*Ele leur en fait moult cort vie*«. Die Aenderung stammt sicher aus der gemeinsamen Quelle.

186] (9142) wird von Part. gesagt, dass die Ritter »*Parmi la porte l ont tese*« *G*; »*L ont parmi la porte tese*« *P*; — *B* enthält den fehlerhaften Vers: »*L ont p. l. p. reuse*«.

187] (9525) »*Moult dure entr ax .II. li estris GP*; *B*: *Moult duret entr els li estris*«.

H. Gemeinsame Lesarten von BP gegen G. (A fehlt).

188] 5141 befiehlt Urr. den Schiffern, »*Qu il le (Part.) metent, s il ont bon vent Duc a Nantes .. (Tresqu a N.: P) BP*; *G: Qu il l amoinent ... Droit a N.*

189] 5143 f. ferner heisst es: »*Se vens lor falt, ains qu il la vignent A (P: Qu en) grant honor o els le tiegnent*« *BP*; wohl, weil die Windstille inbetracht zu ziehen, etwas zu genau schien, hat *G* geändert: »*Tant le servent que il i viegnent A grant h.* etc.« Dass aber die Lesart von *BP* vorzuziehen ist, geht aus V. 5141 hervor, wo das Wehen eines guten Windes angenommen wird.

190] Nachdem Part. von 5393 an zu Gott dem Vater gebetet, wendet er sich 5399 an Gott den Sohn: »*Conseile moi donc de salu*« *(B: de mon salu)*, worauf in *BP* (5403 u. 04) eine Apostrophe an den heiligen Geist folgt: »*Conforte moi, Sains Esperis, o lo pere et o lo fis*« *(P)*; *B*: »*Confors des las, Sains Esperis, tu es verais peres et fis*«. In *G* fehlen die beiden Verse. An und für sich würde, da nichts leichter zu bemerken

ist, als das Fehlen der dritten Person der Trinität an dieser
Stelle, und nichts leichter zu thun ist, als diese Lücke mit
allgemein gebräuchlichen Redensarten auszufüllen, auch ein
vollständig übereinstimmender Text von *BP* die Verse dem
Originale nicht unbedingt sichern. Da aber in der That hier
kein Grund erfindlich scheint, den heiligen Geist zu vernach-
lässigen, so wird wohl *G* die Verse weggelassen haben und
nicht der Dichter, zumal auch Maria angerufen wird.

191] 5602 wird von Guillemoz bemerkt: »*Tel duel en a qu
onques tel n ot*« *BP*; *G* liest: »*Tel duel a ains parler ne pot*«.
Da er aber in V. 5603—07 des längeren dem Grafen erwidert,
so ist die Lesart von *G* unbedingt zu verwerfen, zumal *BP*
den tiefen Schmerz des Jünglings ganz befriedigend bezeichnen.

192] 5653 u. 54 lauten in *BP*: (5652 *Chascune nuit son
saignor meine BGP*) »*Les jors sejornent por echerz (P: *entres)
Trosqu il aproiment les desers*«. In *G* sind die Verse um-
gekehrt: »*Tant qu il aprochent les desers, Le jor sejornent
poi enterz*«.

193] Urraque befiehlt, dass das Boot ausgesetzt werde und
dass »*li plus fort*« der Besatzung mit ihr und Maruc ans Land
gehen (*BGP* 5862). Zwischen 5862 u. 63 enthalten *BP* nun
noch folgende 2 Verse: »*Des miech vailhans (P: najans) et
des plus pros   Vint m en eslissiez de trestos (de tos P)*. Wenn
man auch in dem Citirten einen unnötigen Zusatz erblicken
könnte, so frappirt doch der gleiche Text und insbesondere
die gleiche Zahl.

194] (9087) u. (9088) *BP* sind in *G* umgestellt. Die Stelle
heisst von (9083) »*Lasse chaitive, que ferai?*« an:

       9084 *Que femme sui! Comment l aurai?*
       9085 *Comment awrai je* mon ami?
       9086 *Ne sai o est, si fu or ci?*
       9087 *Ne sai* quel part il est ales
       9088 Ja par moi n iert *quis* ne troves
       9089 *Quis* n iert il ja, *car feme sui*! etc.

Es würde unwahrscheinlich sein, das Aufgreifen von Worten
eines Verses im folgenden (man beachte auch, dass sich das

Ende von 9089 als Anfang von 9084, gleichsam als Schluss der Kette, darstellt) anders als aus der Intention des Dichters fliessend erklären zu wollen. Die Lesart von *G* beruht demnach auf dem Irrtume des Schreibers. *G* liest 9083 »*Lasse, fait ele, que f.*« und 9084 »*Quel f.*« etc.; »*fait ele*« wäre das einzige Einschiebsel in dem 80 Verse langen Stossseufzer (vom Eingang abgesehen), und »*Quel f.*« giebt keinen befriedigenden Sinn.

195] Die dem Zusammenhang entsprechenden Verse (9411 u. 12) *BP* fehlen in *G*.

196] (9497) u. (9498) *BP*: (Der Sultan hat wenig Ritter bei sich) »*N'en a mie moult plus que cent, Si n a ne archiers n altre gent*« in *G* nicht überliefert.

197] (9528)—(9531) *BP:*

  Et cil a certes se defent.
  Quant la fins del tornoi aprisme,
  Et (B Que) la nuis vient (P vint) sus del aabyme —
    (P pres de bisme)
 (9531) Partonopeus s aire fort etc.

G lässt 9531 direct auf 9528 folgen. Dass von seiner Seite ein Versehen vorliegt, geht schon aus der Zerstörung des Reims hervor. Der Fehler ist leicht erklärlich, da auch 9527 mit »Partonopeus« beginnt.

I. Gemeinsame Lesarten von BG gegen P. (A fehlt).

198] 5163—69, 5173—79, 5193 u. 94, von *BG* überliefert, sind in *P* nicht enthalten.

199] 5269 u. 70 *BG* fehlen ebenfalls, obwohl sie unbedingt notwendig sind. Es heisst 5271: »*Quant la mere ot qu il n est ses fis*«, was absolut keinen Sinn hat, wenn nicht der heftig grollende Partonopeus seine Worte mit den Versen beschliesst:

  5269 »Or quereis atre fiz ke moi
  5270 Car jo nul amor ne vos doi«.

200] 5319 u. 20*) B: »*Car li grans duels qu il funt por lui, Li fait grant mal et grant anui*«; G: »*Quar le grant duel qu il por lui font, A moult grant anui le semont*« ; P fehlt. Unentbehrlich sind die Verse nicht.

201] 5357. Nach *BG* verweilen der König und seine Räte 40 Tage in Blois. P: *LX.*

202] 5729 u. 30 *BG*: »*S il i est venus por morir, Or i puet moult bien avenir*« fehlen in *P;* wohl deshalb, weil sie nur die beiden vorausgehenden paraphrasiren: *BGP:* »*S il i est venus por deces Or cuit je bien, qu il en est pres*«.

203] 6463 u. 64, von *BG* überliefert, und 6468 *BG* mangeln in *P.* Letzteres ein evidentes Versehen, — denn das Reimpaar ist zerstört —, wenn man nicht auffällig finden will, dass gerade der Kaiser von Deutschland ignorirt wird.

204] (8977) *BG:* »*Moult en parolent bones gens*«; *P:* »*maintes*«, was aus V. 8978 anticipirt zu sein scheint »*Mains en est lies et mains dolens*«.

205] (8987)—(9003) *BG* (persönliche und philosophirende Abschweifung) fehlen *P.*

206] Ferner lässt *P* noch 9381 u. 82 *BG* vermissen, entbehrt in 9383 u. 84 des Reims, bietet statt 9385 u. 86 *BG: Li rois trebuche et verse et chiet, Grant mestier a qu on le reliet*« »*Li rois trebuche et fiert averse, Li suen escrient: Sire et Perse*« und hat 9387 u. 88 einen albernen Text. *BG:* »*Sa maisnie vers lui se vire, La oissies escrier: Sire*«; *P:* »*Et Melior benist Gaudin: En merciant l en fet un clin*«.

207] (9485 ff.) *BG:* »*Cil qui puent, prendent le pont, Qui non — parmi l aigue s en vont; Tel mil se fierent el roidier (G: gravier), Dont chascuns boit demi sestier (G: but bien .I. setier), Et tels i a qui n boivent plus, Si que ja vif ne venront sus*«. In P fehlen die sonderbaren Verse 9489 u. 90.

---

*) Eigentlich 5323 u. 24. Bei Crapelet ein Fehler in der Zählung, der sich aber schon 5350 wieder ausgleicht.

Es liest 9487 u. 88: »*Troi mile enfierent el raidier, Ne s puoent guarir li destrier*«.

208] Was die in *P* enthaltenen Zusätze anbetrifft, so ist zu bemerken, dass sie sich gegen das Ende ausserordentlich mehren und vergrössern. Es genüge, hier die Hauptstellen anzuführen. Dass in der That Zusätze vorliegen, zeigt schon das einmütige Zusammengehen von *B* und *G*. — Zwischen 9412 u. 13 hat *P* 2 V., zw. 9414 u. 15: 22 V., zw. 9492 u. 93: 14 V., zw. 9532 u. 33 : 8 V., zw. 9572 u. 73: 116 V., zw. 9594 u. 95: 42 V., zw. 9598 u. 99; 2 V., zw. 9604 u. 05: 2 V., zw. 9644 u. 45: 4 V., zw. 9748 u. 49: 28 V., zw. 9764 u. 65: 10 V., zw. 9780 u. 81: 2 V., zw. 9782 u. 83: 2 V., zw. 9798 u. 9809: 4 V. anstelle der in *BG* überlieferten, zw. 9816 u. 17: 4 V., zw. 9888 u. 89: 46 V.

209] 9865 u. 66 bekundet *P* im gemeinsam erhaltenen Text, dass es 7 Erwählte annimmt: »*. VII. en i a, ce m est avis, Cui nous donrons sor els lo pris*«. *(.IIII. crestien, troi paien)*. *BG*: »*Mais de trestos en i a sis Que nos donons sor els le pris*«. Schon der Umstand, dass die Zahl »Sechs« durch den Reim gesichert ist, lässt letzterer Lesart, von allem anderen abgesehen, mehr vertrauen.

210] Anzumerken ist noch 9959 u. 60. *BG*: »*Mais n a terre que dous contes, Tos altres biens a grant plantes*«; *P*: (die Verse umgestellt) »*Tot autre bien a soi monte, Mais n a terre c um sol conte*«. Die Stelle ist bei der Datirung des Romans zu erwähnen.

211] 335—415 enthalten die durch ihre Langatmigkeit originelle Schimpfrede von Anselet. Die Lesart von *B* zeichnet sich dadurch aus, dass der 1., der 11. etc. bis zum 51. Vers mit »*Fils a putain*« (resp. »*fils a vilain*«) beginnt. Man könnte in dieser Spielerei vielleicht die Laune eines Copisten vermuten, da aber auch *G* diese Dekaden zeigt (nur *B* 401-05 und 413 u. 14 fehlen — anstelle der letzteren *G* 20 Zusatzverse —), so wird man sie der Quelle zuschreiben dürfen. *P* nun ist so verstümmelt, dass von der Einteilung nichts übrig geblieben ist. (Es fehlen 359—65, 367—71, 377—85, 389—93, 399—405, und nach 406 enthält *P* nur noch 2 Verse von Anselets Expectoration).

K. Einige vereinzelte Combinationen.

212] 6165 *A*: »*Tant ont ale, qu a l uisme nuit (Sont en Salence* etc.); *BP*: »*une nuit*« (*B* viell. »*meenuit*«?). 6101—6253 fehlen in *G*.

213] 7343 u. 44 *A*: »*Li rois Corsols est li premiers, Qui moult par est hardis et fiers*«. *BG* (in *P* fehlen 7343—67) bieten dafür 4 Verse: »*Li rois Corsos de Quartagene (cil de Carcene B) La viez qui siet dedens Quitene (qu est d. Cirene B). La novele siet en Espaigne, Dont li murals en mer se baigne*«. Dass *A* richtig liest, geht schon aus dem citirten Texte hervor, noch deutlicher aber aus 7345 u. 46: *A: Sa marce est en Aufrique ci Dont cil rois est que je vos di*; *BG: La vies est en Alfrique ci Dont li rois est que je vos di.*

214] 7603 *GP*: »*.VIII. jors devant l acension*« (wird Part. nach Tenedos verschlagen). *A: Huit jors empres l A.*; *B: Dis jor devant l A.*; *F: Vint jors devant l A.*

215] 4578 (Melior hatte Lehrer) *Par foies plus de .CC., BG*; *A: Par foies bien plus d un cent*; *P*: »*Et fui o als plus de dos ans*« — ein offenbares Missverständnis.

216] 4329. Auf Glück kommt es nicht an im Dienste eines weisen und ehrenhaften Herrn: »*Car cis aime miols les mellors*« *AP*; *B: Et cil aime les mellors miex*; *G: Quar quant plus aime les meillors*; die Lesart von *AP* entspricht dem Sinne.

217] 8924. Ein reicher und mächtiger Ritter kann auf einem Turniere mehr leisten, als ein armer ohne Begleitung, der nicht einen Rückhalt hat (*Ne nul ados se de soi non*) *AP*; *B: Ne nul ados se la Deu non*; *G: Ne aide se de lui non.*

218] 8342 *Mais il n a loisir ne respit* (das Gesagte zu wiederholen) *AB*; *G: Mais il n avoit pas le respit*; *P: Cil ne respont grant ne petit.*

219] (vgl. No. 214]). 8563. *Huit jors devant l A. AB*; *G*: *XX. j. d. l A.*; *P*: *Un j. d. l A.*

220] 8687 u. 88 als Turnierkämpfer aufgezählt: »*Et Tiois et Frisons de la Et Romains et Grifons i a*« *BP*; *A*: *Et Tiois et Grifons de la Et R. et Frisons i r a*; *G*: *Et Tiois et Sesnes de la Et Irois et Frisons i r a.*

221] *A point une grant randonee AB*; *G*: *Est tote une grant r.*; *P*: *A pris une g. r.*

222] 7663 u. 64: »*Partonopex remest dolens, Moult a en soi grant marremens*« *GF*; *Moult li siet bien a dos li vens, Partonopeus remaint dolens BP*. Gegen keine der beiden Lesarten lässt sich von vornherein etwas einwenden. *A* mangelt.

223] 7671 u. 72. *Ore ont tant andeleus parle Et cil a tant iluec plore GF*; *BP* enthalten die Verse nicht, die weder anstössig noch unentbehrlich sind.

224] 7818 (Aus Gaudins Geschichte) »*Bien a ore trente ans pases*« *ABP*; *G*: *Bien a ore .XIII. ans passes*; *F*: *Bien avoie .XX. ans pases.*

Schluss.

Aus der vorliegenden Untersuchung erhellt folgendes Resultat. Der Roman von Partonopeus de Blois ist in zwei Redactionen auf uns gekommen. Die eine, ältere, ursprüngliche, wird repräsentirt durch Handschrift *A*, die jüngere durch die Gruppe *BGP*, welcher sich auch *F* zugesellt. In der letzteren Familie sind *G* und *P* am nächsten verwandt, ohne jedoch von einander abhängig zu sein. Ihnen nahe steht auch *F*, ohne dass sich ganz bestimmt darthun liesse, welchem der beiden Mss. es speciell zugeteilt werden muss. Keine der Handschriften ist die Vorlage einer anderen. Die für *G* und *P* anzunehmende Quelle, sagen wir *s*, ist weder aus *B* copirt, noch ist das Umgekehrte der Fall. *s* und *B* weisen vielmehr auf eine gemeinsame Quelle, welche wir *y* nennen wollen. Weder ist y aus A abgeschrieben, noch selbstverständlich umgekehrt. Die beiden Handschriften führen auf eine gemeinsame Quelle x. Dieses x ist wohl kaum die Originalhandschrift. Alle vorkommenden Combinationen der Mss. vereinigen sich mit diesem Stammbaum, oder vielmehr, verlangen ihn. Ausgenommen sind nur die Fälle, in denen AG von BP und AP von BG variirt. Allein, wenn sich auch nicht alle Beispiele dieser Combinationen als durch unverfänglichen Zufall bewirkt stricte darthun liessen, so müssten wir sie doch so erklären, denn sie vermögen weder nach Zahl noch nach Bedeutung mit den übrigen Gruppirungen zu rivalisiren. Nach dem Gesagten geht die Classification der Handschriften aus der folgenden Scizze hervor:

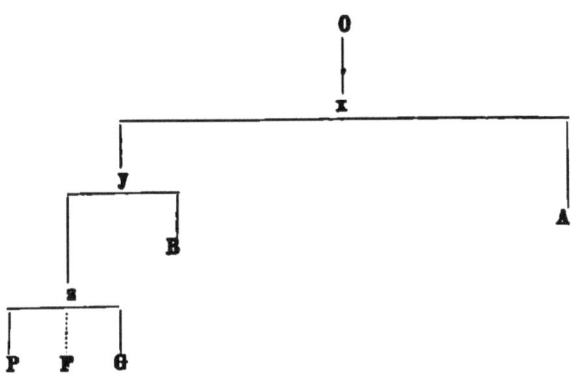

Anhang.

Es sei erlaubt, noch mit einigen Worten den von Kölbing (Germ. Stud. II, 103—106) vorgelegten allgemeinen Stammbaum der Sage, sowie van Looks *) diesbezügliche Ansicht (a. a. O. p. 13) zu berühren. Kölbing scizzirt, wenn ich ihn recht verstehe, folgenden Stammbaum **):

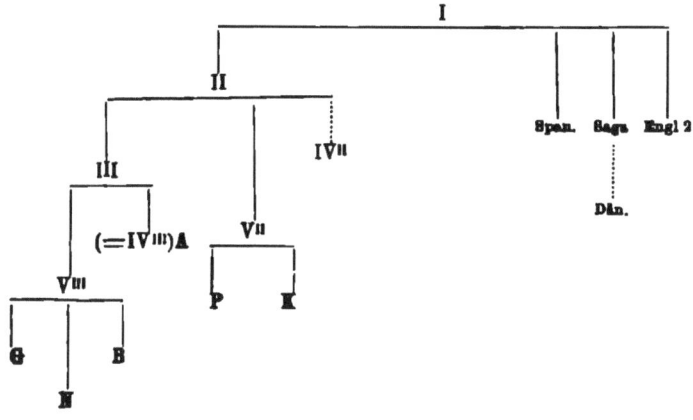

*) v. L., Der Partonopier Konrads von Würzburg und der Part. de Blois (Strassburger Dissertation), Goch 1881.

**) Ich ändere die Bezeichnung, um eine Collision mit der Signatur der franz. Hss. zu vermeiden. I ist also der Urtext, welcher der Troja-einleitung entbehrt, mit Griechenland beginnt, Anselet und Gaudin unterscheidet, den Sultan im Turniere fallen lässt, und bei fehlender Alexandriner- (und, füge ich bei, Achtsilbler-) Fortsetzung mit der Doppelhochzeit schliesst. In II ist die Einleitung angeflickt und der Schauplatz nach Frankreich verlegt. In III ausserdem noch die philos.-moral. Betrachtungen zugefügt. In IV bildet die dreifache Heirat den Schluss. In V fällt der Sultan nicht, es findet nur eine Heirat statt, und wir

oder, was ihm ebenso möglich erscheint:

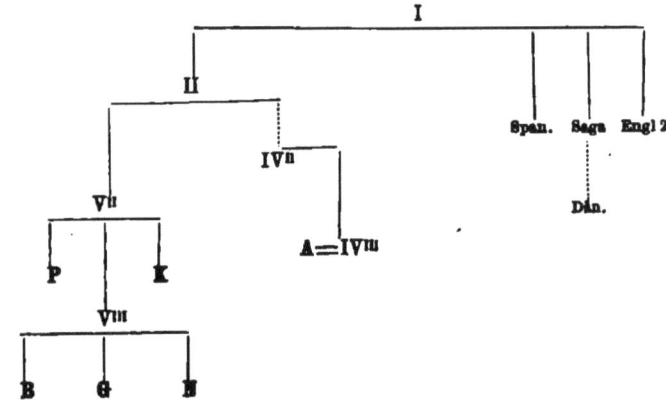

Die Richtigkeit des rechten Zweiges scheint mir bewiesen, allein bezüglich des linken kann ich Kölbing nicht zustimmen. Betrachten wir die erste Figur. Zugegeben, dass II aus I hervorgegangen, dass V^{II} den Schluss geändert und die Vorlage für P und K gebildet hat; zugegeben, dass III aus II hervorgegangen ist und die Vorlage für A (IV^{III}) gebildet hat, — so ist es doch unbegreiflich, dass V^{III} den Schluss von III auf dieselbe Weise variirt haben sollte, wie das von V^{III} unabhängige V^{II} denselben Schluss (von II). — Nehmen wir die zweite Figur. Wiederum zugegeben, dass II aus I hervorgegangen, dass ein nicht erhaltenes IV^{II} den Schluss auf die Weise von A variirt und A als Vorlage gedient habe, welches phil.-mor. Betrachtungen zugefügt habe; zugegeben ferner, dass V^{II} den Schluss von II auf andere Weise variirt und P und K zur Vorlage gedient habe, — so ist doch unbegreiflich, wie V^{III} (die Vorlage

---

werden mit der Fortsetzung beglückt. Ein Beispiel von IV^{II} (ohne philos.-moral. Betrachtungen, dreifache Heirat) liegt nicht vor. Engl 2 gehört zum Zweig des Urtextes (Beitr. zur vergl. Gesch. d. romant. Poesie und Prosa des Mittelalters p. 85); Engl 1 zu II (Beiträge p. 80), ohne näher bestimmt zu werden. Ndd und P (No. 792 der N. B.) sind nicht einfügbar. T u. B werden V zugewiesen (B gehört zu V^{III}).

von *B, G* und *N*) aus V" dadurch hervorging, dass es genau die philos.-moral. Betrachtungen des von ihm unabhängigen IV'" einführte.

van Looks Ansicht über die Sache ist folgende*):

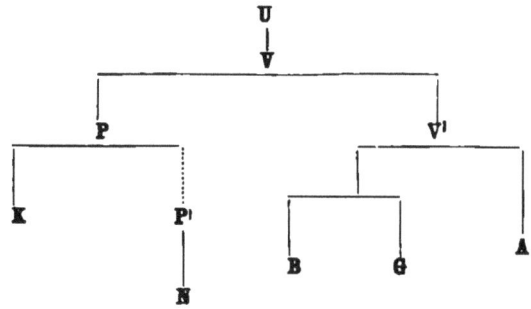

van Look nimmt also an, dass die aus *V* geflossene Vorlage von *A* dieselben Betrachtungen eingeführt habe, wie die aus *P* stammende unabhängige Vorlage von *N*. Also derselbe Mangel, welcher in der Deduction Kölbings hervortritt. Ausserdem scheint mir van Looks merkwürdige Idee des »verunglückten Versuches zur Rückkehr«, welche er für *A* stipulirt, bei der Abwesenheit jeglichen Beweises nicht annehmbar. Dagegen halte ich die von ihm Kölbing gegenüber behauptete ursprüngliche Einheit der Person des Knappen Anselet resp. Ritters Gaudin (p. 9) für zutreffend. — Wie aber sollen wir uns die Sache denken? Aus den Untersuchungen Kölbings fliesst die folgende Scizze, welche um so einleuchtender ist, als sie die unwahrscheinliche Annahme einer Beeinflussung der verschiedenen Redactionen vermeidet und zu dem oben demonstrirten Verhältnisse der franz. Hss. *A, B, G, P* passt. Die indirecte, nicht erhaltene Vorlage von *P (P¹)*, welche die

---

*) U = I von Kölbing, mit dem Unterschiede, dass U Gaudin nicht kennt. V fügt Einl. u. Forts. an und führt Gaudin ein. P¹ ist P mit den philos.-moral. Betrachtungen, welche es als Quelle von N haben muss. V¹ ist V mit den phil.-mor. Betr., welche es als Quelle von A auf der einen und B und G auf der anderen Seite haben muss.

philos.-moral. Einschaltungen noch enthielt, die Konrads und
*P*s Quelle wegliess, dürfte wohl eher acceptabel sein, als die
Ansicht van Looks, Hs. *A* der jüngsten Redaction des Romans
zuzuweisen.

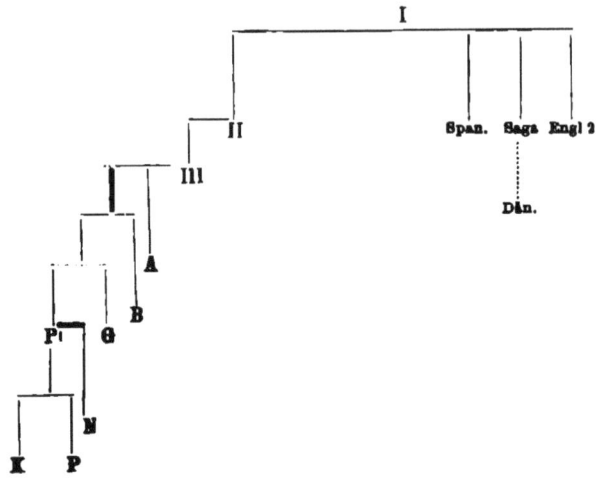

Nachschrift.

Nachdem vorstehende Abhandlung bereits gedruckt und
auch gerade als Marburger Dissertation veröffentlicht war, theilte
mir College Suchier mit, dass er im Besitz einer vermuthlich der
Ashburnham-Hs. entnommenen Partonopeus-Abschrift sei. Diese
Abschrift stammt aus der Bibliothek des Herrn D. Guillemot
(Nr. 444 des »Catalogue d'environ 20,000 volumes ou brochures,
Ouvrages imprimés et Manuscrits .... composant la librairie
de feu M. D. Guillemot dont la vente aura lieu .... Novembre
1883. Paris Chossonery 1883«). Sie ist mir von Suchier zur Be-
nutzung freundlichst überlassen worden. Nachdem auch Pfeiffer

mir seine Abschriften von *BGP* zugestellt hatte, konnte ich leicht constatiren, dass *S* (wie ich Suchier's Abschrift bezeichnen will) aus keiner derselben stamme, wenn auch nach *G* zahlreiche Besserungen vorgenommen und ausgelassene Verse eingetragen sind (was übrigens oft genug die Feststellung der ursprünglichen Lesart recht erschwert) und wenn auch gegen den Schluss zu von dem Copisten offenbar die Hs. *P* nebenher benutzt worden ist, wie das schon der Eintrag einiger nur in *P* erhaltener Verse und die auffällige Übereinstimmung von *PS* in einer Anzahl Lesarten des Schlusses mit Sicherheit vermuthen lässt. Ebensowenig liegt in *S* eine Abschrift von *A* vor, obwohl die Lesarten von *S* sich sehr häufig mit denen dieser Hs. berühren, ein Umstand, der übrigens den Werth von S in das rechte Licht setzt, denn, wie schon der *S* mit den übrigen Hss. gemeinsame Schluss beweist, bilden *AS* keine eng zusammengehörige Gruppe. Endlich stimmt auch *S* keineswegs zu *T*, das, wie die spärlichen Varianten, welche Raynouard daraus mittheilte, erweisen, einen sehr entstellten Text bietet und wahrscheinlich mit *P* eine gemeinsame Vorlage gehabt hat. Vom Text der Ashburnham-Hs. ist mir leider nur wenig bekannt: Sie war bis 1407 im Besitz von Francesco Gonzaga I. in Mantua, wurde nach 1708 beim Tode des Herzogs Ferdinand Karl IV. von Mantua in Venedig verkauft (vgl. Rom. IX, 497 u. 499) und kam im Laufe des 18. oder Anfang des 19. Jh. in den Besitz des Marquis Garnier, bei dem sie M. Crapelet sah, ebenso Monmerqué, der einige Varianten aus ihr aushob (vgl. Crapelets Ausgabe I, S. [25] u. LXIV). Crapelet bemerkte in einer Notiz auf einem der Vorsatzblätter, dass sie die Lücke von 141 Zeilen der Hs. *A* (nach Z. 8937) nicht habe (Rom. IX, 509 no. 30). 1822 (vgl. S. 45) wurde die Hs. mit der Garnier'schen Bibliothek verkauft (no. 570 des Catalogs) und ging 1849 für Lstrl. 40 aus dem Besitz Libri's (vgl. Catal. of books and mss. belonging to M. Libri, sold by Mssrs. Sotheby and Wilkinson in 1849 Febr. 19—23 p. 93: »No. 1004 Parthenopex de Blois, Li Romant de . en vers, fine ms. on vellum of the XIII c. This ms. supplies the deficiency of 1,100 verses in the ms. in the library of the Arsenal at Paris«. S. Kölbing, Beiträge z. Gesch. d. romant. Poesie S. 91 Anm.) in den des Lord Ashburnham über. Im Ashburnhamer Catalog t. IV Appendix no. 165 findet sich folgende Beschreibung: »Le Roman de Parthenopex de Blois (par Denis Piramus?) XIII c. Vellum Octavo 7³/₄ × 8¹/₄ Inches Ff. 145 in calf binding. Begins [s. unten]. Ends: 'Explicit liber partolopei de bleis. A deo nos comandons & a ses leis Quil nos fera dinfern garanz Si atendonz le suen comanz.' After this are three additional leaves containing Italian verses etc. This appears to be the only perfect copy known of the rare romance of Parthenopex; it contains about 10950 lines«.

Die Blattzahl ist hiernach dieselbe wie in dem alten Gonzaga-Catalog no. 30 (Rom. IX, 509), aber der Schluss weicht dort ab: »En parais ten lons lauech« (= »En paradis tenions la vie« nach Paris), doch könnte er entweder die Zeile vor dem Explicit reproduciren oder den Schluss der »Italian verses« der drei Zusatzblätter bilden. Die Schreibart der Ashburnham-Hs. (L) stimmt zu S (vor Allem *ei* statt *oi*), und der Anfang von S stimmt fast genau zu L. Zur Vergleichung setze ich hier den Text der vier Anfangszeilen aus den Hss. ALSBGP her:

1	3
A: A deu renc gracies et merciz	A: De ma santé de ma richece
L: A Deo reng graices e merciz	L: De ma sante de ma richece
S: A dex reng')ı graices et mercyz	S: De ma santé de ma ricesse
B: A deu renc graves & mercis	B: De ma sante de ma richece
G: A dieu renc graces & merciz	G: De ma santé de ma richece
P: A deu ren graces & merciz	P: De ma sante de ma richece
2	4
A: De quanque sai nen fais nen dis	A: De quan quil ma fait de larghece
L: De quant que il a en fais ne diz	L: De quant quil ma fait de largece
S: De quant que ula en faicts ne diz	S: De quant qu'il m'ha fait de larzesse
B: De quanque sai en fais nen dis	B: De quanquil me fait de largece
G: De quant que sai nen faiz nen diz	G: De quanque ma fait de larece (!)
P: De quanque sai nen faiz nen diz	P. De quanque ai fait de laIneece (!)

1) *reng* auf Rasur, doch scheint *reng* ursprünglich schon dagestanden zu haben.

Der Schluss von *L* fehlt in *S*, welches mit Z. 202 von *B* (nach A 9162) schliesst: »Faire mestoussa (= m'estoura son comand«. Das Original von *S* hatte jedenfalls 36 Zeilen auf der Seite oder Spalte, wie nus dem Umstand hervorgeht, dass nach Z. (9328) sich eine Lücke von gerade so viel Zeilen findet, die der Copist später aus *P* ausfüllte, und dass nach (9660) ebendieselbe Zahl Verse durch die irrthümlich wiederholten Zeilen (9085—9122) verdrängt worden sind, was einen späteren Besitzer veranlasste, die Zeilen (9659—9805) aus *G* auf einem besonderen zweispaltig geschriebenen Blatte hinzuzufügen. Von diesem späteren Besitzer rühren auch offenbar die erwähnten Correcturen und Nachträge aus *G* her. Auf dem Zusatzblatt befindet sich das Datum 13.7.22, woraus sich schliessen lässt, dass *S* selbst aus *L* copirt wurde, als dieses noch im Besitze des Marquis Garnier war.

Um die Stellung von *S* gegenüber *ABGFGPT* deutlich erkennen zu lassen und zugleich die von Pfeiffer besprochenen Stellen schnell auffindbar zu machen, gebe ich im Anhang I ein Verzeichniss derselben der Reihenfolge der Verse nach, unter Hinzufügung der Lesart *S*; wo ich diese nicht ausdrücklich erwähne, gesellt sich *S* der Majorität der Hss. einer isolirten gegenüber zu, oder stimmt zu *AB* gegen *GP*. Ich habe weiterhin die von Raynouard aus *T* ausgehobenen Stellen eingefügt und für sie die Lesarten der anderen Hss. hinzugesetzt, um so auch die Stellung von *T*, welches, wie oben angedeutet, mit *P* zunächst verwandt zu sein scheint, wenigstens annähernd zu fixiren. Um ferner ein genaues Bild der graphischen Verschiedenheiten der Hss. *ABFGPS* zu gewähren, drucke ich im Anhang II die Stelle des Gedichts, aus welcher *F* besteht, aus sämmtlichen sechs Hss. ab, und zwar so, dass *FG*, *PB* neben einander und darunter *AS* zu stehen kommen. Bemerken will ich hier gleich noch, dass Pfeiffer nicht beachtet hat, dass der zweite Theil von *B* (von Z. 5001 der Ausg.) von späterer Hand herrührt und auch verschiedene Schreibweisen aufweist. Da nun in diesem zweiten Theil einige besonders auffällige Berührungen von B zu P begegnen, bin ich geneigt, B^a zum Theil wenigstens auf die Hauptvorlage von P zurückzuführen, ebenso wie ich für P selbst, wegen mancher auffälliger Berührungen mit A, eine der Vorlage von A entstammende Nebenquelle annehmen möchte. Ich modificire daher Pfeiffers Stammbaum auf S. 42 wie folgt:

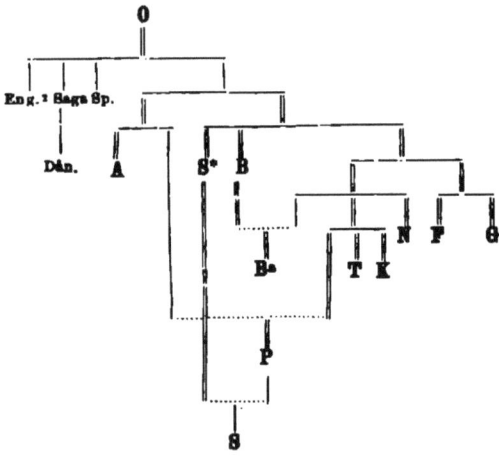

Marburg, Ende September 1884.

Stengel.

Anhang I.

Verzeichniss der oben besprochenen Stellen und der, für welche die Lesart aus *T* vorliegt:

Z. 113 *por sens B por sen GT por bien PS de soi A*
114 *s'en SBGPT soi A*
115-6 no. 4: *AS>BGP*
177 no. 5: *SBGPT>A*
178 *justiser S justicier T<justice ABGP*
246 no. 134: *ASG>BP*
254 *qu'il ert (fu T) des dens (deu B) nes (des A) ABST que des dex ert nes GP*
313 *fils a (au S en BT) pechié (pieces A) nez ABSGPT*
553 *Cevels ot si beaus (blons G lons PT) et si blois (beaus T) ASGPT; Les cheuiax ot si binz et blois B*
554 *Com s'il sil A) en fust ales à Cois ABSG; Com sen les eüst pris a Choix P; Com pot avoir nus damoiseaus T*
567-8 *Les dens avoit blans et menus Moult bien (Bien sunt S) assis et bien veüs (venus B vgl.*
590)1 *ABS Les denz ot (a P fehlt T) blanches et (et ben T) menues Bien asises et bien uenües (et avenües T) GPT*
Z. 574 *Les hanches basses sor les pans (sosploians B sous les flancs T) ABGPT, fehlt wie 573 S*
722 *Et or (don S Ore T) se dort (s'endort P) et dont (adont B et pois S ore T et P) s'evelle ABSPT; Et en petit d'ore s'esuelle G*
735 *La nes vait tost li ber (lo*

lns S li os B l'orex GP) est ens ABSGP; La nef va t. et a bon tens T (vgl. 651, wonach ich die Lesart S als die ursprüngliche ansehe, welche A, B, GP und T selbständig abänderten.
Z. 889-94 no. 22: *fehlen S wie P, da 888 u. 894 gleich beginnen und enden; eben deshalb übersprangen BP 4389-90 (no. 136), AP nach 4648 zwei Zeilen (no. 156), G nach 5402 (no. 190), P 5728-29 (no. 202), F 7561-2 (no. 35), B 7985-90 wegen gleichen Schlusses (no. 99), vielleicht auch B 6631-34 wegen ähnlichen Schlusses (no. 183), vgl. auch 2989.*
1023 no. 69: *Si bevies entosche freis S (stimmt also theils zu A, theils zu B).*
1026* no. 8: *Que ben pert al ngal mesure Cum no le sist (l. fist) pas mas nature S (stimmt also theils zu G, theils zu P und theils zu B); Que bien y paroit par mesure Que hons ne la fist mes nature T (stimmt also theils zu P, theils zu G.*
1056-7 no. 94: *T=SBGP>A*
1257-8 no 126: *S=BG>A>P*
1263 no. 162: *gist SAP, jut BG*
1267 no. 142: *traist, uiset ASG, tret, met BP*
1306 no. 163: *rien dist APS dist rien BG*

Z. 19-20	no. 10	Z. 295-6	no. 10	Z. 1042-5	no. 43	Z. 1213	no. 109
74		93		1084	44	1241-2	29
93	10	611-2	75	1094	45	1293-4	10
227-8	10	759-60	10	1105-7	125	1311	48
241	68	947-50	10	1127-8	46	1332	127
247	no. 123	988*	11	1140	47	1337	49

Z. 1360 no. 143: De tos furent AGS
Furent de toz BP
1376 no. 144: siecles vos i AGS
li siecles vos BP
1425-6 no. 99: $S = GP < A > B$
1437 no. 164: dame dit APS dame
a dit BG
1457 no. 145: bel ASG; bon BP
1847 no. 146: o lui BPS a lui AG
1887 no. 51: Qu'il avoit mis le
siecle ensi $BS > A > GP$
1976 no.78: quoiement $GPS < A > B$
2026 no. 154: Et del retor ne (Et
du retorner BP) soit tardis
(targis AP) $ABSGP$
2134 poi de force $SG <$ poi d'esfors
$AB >$ pou d'esfors P pou de
gent T
2135 no. 165: Si lor faisoit APS
Si faisoit les BG
2168 no. 72: S *unleserlich*.
2175 no. 155: Heldins APS Heldrins G Eldrins B
2235 no. 77: Lugan AS Lucan B
Ludan P Ludon G
2259 no. 53: lor fuses S les fosees
AB lor forfait GP
2307 no. 166: vient grant ASP
vienent BP
2344 no. 167: *fehlt S.*
2365 no. 168: des pomiers BGS
d'un pomier AP (: cevaliers
obl. pl.)
2394 no. 147: $SBP > AG$
2395 no. 73: $ABS > GP$
2426 no. 55: Ne lairail fet nel tor
ne die $S = GP < AB$
2427 no. 55: Que sages a dit $ABPS > G$

Z. 2645-6 no. 128: $S = A > B > G > P$
2665 no. 79: $S = A > B > GP$
2673 no. 80: S *fehlt*
2677-8 no. 29: S *fehlt wie* P
2680-1 no. 32: S *fehlt*
2794* T *allein hat 2 Plusseilen:*
Et se je meillour le savoie
Que je volontiers l'en donroie.
2983 no. 169: Et siet $BGPS$ ll siet
A; en (sor P) un APS en
son B sor le G
2989-90 no. 10: *fehlen in* BS, *etwa*
weil 2987 u. 2989 *gleich anfangen; vgl.* 889-94
3065 no. 104: arbre $ASP > G >$ brait
$T > B$
3144 no. 135: Mult li empira sis
cuers (l. eürs) $S = G$ (: Sornegurs n. s.) $> A > BP$
3245 no. 81: en nazel S en esclain
GP eschin $B > A$
3289-90 no. 82: $S = A > B > GP$
3396 no. 170: est menbré APS
ramenbre BG
3397 no. 148: lieve et muet AGS
lieve moult BP
3409 no. 171: garis $S >$ gandir AP
$>$ guencir BG
3433-6 no. 59: *fehlen auch in* S, *aber auch noch* 3437-8
3717 no. 172: et la sostance S et en
sofrance AP mis en s. BG
3954 no. 118: gentil jusqua Rondele
(?, *l.* Toudele) S vaillant dusqu'a Tudele $ABP > G$
3964 no. 83: Dos pichers plein S
Deus beax (buens P) pichiers
GP Deux beaus bouceaus
$A > B$

Z. 1349-50	no. 30	Z. 1892	no. 110	Z. 2375-6	no. 114	Z. 2939.43	no. 116
1408*	3	1903-4	52	2441-2	10	2955-6	10
1446	100	1921-2	111	2457-8	20	2979-80	20
1449-50	31	1949-50	6	2463	56	3035-6	29
1479	101	1972	112	2531	57	3070	105
1495-6	20	1974	113	2590	74	3121-2	7
1505-6	29	2065	30	2591	115	3221-2	10
1569-70	10	2069	71	2692-3	21	3235-6	117
1666-7	10	2079	76	2753-4	20	3319-30	30
1709-10	29	2095	102	2758*	32	3334*	11
1711-2	30	2098	103	2759-62	no. 58	3414	11
1720	50	2271	54	2765-66	10	3498-3619	9
1735-6	20	2320	90	2837-8	29	3705-6	10
1824-30	10	2831-2	29	2895-6	30	3803-4.13-14	31
1865-80	10	2342	95	2937	19	3831*	32

Z. 4194: $S = ABP$ Mais que etc. G
  Fors que seul est dont il se
  deult T
4226 no. 150: Alons BPS Et a AG
4257: la ceres plus o mei S le cher-
  rés miols de moi A le (la
  GP) crerés (querrois G) plus
  de (que B) moi $BPGT$
4329 no. 216: $S = AP > B > G$
4389-90 no. 136: $S = AG$, vgl. 889
4428 no. 84: trestornes BS mestor-
  nes A bestornes GP
4509 no. 85: Et deles son ami co-
  chiée $S < A > B > GP$
4578 no. 215: $S = BG > A > P$
4612 no. 173: devant APS voiant BG
4648* no. 156: $S = BG$, vgl. 889
4680 no. 157: Nostre folie se APS
  Vostre folie nos BG
4765 no. 137: evesque AGS arche-
  vesque BP (offenbar um den
  Hiat zu vermeiden gesetzt).
4995-6 no. 91: 4995 $S = AB$; 4996
  Tres quil BPS Des quil AG
5066 no. 86: De cuir de cuivre S
  D'un cuir de geivre B De cuir
  bien faite A De cuir d'Irlande
  GP
5073-4 no. 10: fehlen S wie B
5123-8 no. 175: $S = GP$, fehlt A
5141-2 no. 188: Quil lo menent ...
  Trosqu'a Nantes S Quil lamoi-
  nent ... Droit a N. G Quil
  le metent ... Tresqu'a (Duc a
  B) N. BP
5203: Ele est la plus loial des fines
  (fames S) $BGPS$ Ele est plus
  blanche que cignes T, fehlt A

5216 no. 179: fehlt S wie A
5310: Plus ke ne valt (vaut PT)
  lonor de Blois $BPST$ Puis
  son deces l'ennor de B. G
5314: Ne par soies (doiez G) si an-
  goissos (-ous PT) $BPSTG$
5319-20 no. 200: Partonopex ren ne
  respont Ses dols de plorer le
  semont S (stimmt also näher
  zu G als zu B, während AP
  fehlen)
5363: Il ne s'anuie (n'anuie G s'en-
  tuie P se mue T soncie S)
  de son duel $BGPST$, fehlt A
Z. 5591: Qu'il (Ke B Jusqu T) al (el
  P) gravier trestort (treatot GS
  tindrent T) son (lor T) oirre
  $BGPST$, fehlt A
5901 no. 158: $S = G > B > AP$
5970 no. 151: en haste plus BPS
  encore plus AG
6000-2 no. 87: 6000: $S = A > GP$
  $> B$, 6001: $S = BGP > A$,
  6002: Je vos dirai molt vo-
  lunter $S < B > GP > A$
6233-6 no. 16 Anm.: $S = A > B$
6369-70 no. 138: $S = A > G > BP$.
  Dieser Fall swingt, eine nähere
  Verwandtschaft zwischen B
  und P anzunehmen.
6434: Plus courtois amer me porroit,
  T, weicht also von $BGPS$ ab,
  A fehlt.
6443: tresqu'au (duc al B) ioise (juise
  BT) $BGPST$, A fehlt.
6516 finon BPT selonc G, AS fehlen.

Z. 3890	no. 96	Z. 4561	no. 129	Z. 5143	no. 189	Z. 5729-30	202
3974	60	4570	63	5163-8	198	5858	181
3977-82	12	4575-6	10	5173-8.93-4	198	5862*	198
4009-10	13	4618	14	5186	176	5879	182
4041-2	20	4642	119	5189-90	177	5913	26
4078	149	4723-4	24	5200-2	178	5920-2	120
4201	61	4739-40	29	5269-70	199	6025	65
4221-2	20	4817-8	8	5357	201	6101 ff.	16
4245-6	10	4829-30	15	5402*	190	6155	212
4358-9	11	4873-4	29	5448*	3	6225-67	27
4365-6	10	4901-2	10	5475-5507	25	6320 u. 22	121
4435	62	5001-2	20	5565-6	20	6359	66
4469-70.	20	5056	130	5602	191	6463-4. 68	203
4481-82	20	5065-6	20	5653-4	192	6631-4	183
4529-34	10	5077-8. 98	8	5681-2	64,180	6643-4	184

Aufg. u. Abh. (K. Pfeiffer).

Z. 6736 no. 152: novele *AGS* faveile *BP*
6756 no. 139: $S = A > G > BP$
6794 no. 140: $S = BP < AG$
6916 no. 174: cler vis *BGS* douc ris *AP*
6988: Qu'il (Si *P*) me tenist entre (venus en *A* uias en *P*) ses bras *ABGPST*
7056 no. 141: est desvez *S*, was nåher su *AG* als su *BP* stimmt.
7063-4 no. 159: Stellung von *S* gleich der von *AP*, sonst 7063 $S = A$, 7064 $S = P$
7414 no 155: amené *AGS* aresté *BP*
7561-2 no. 35: vgl. 889
7602: aceemer *BFGPT* atirer *A* > Et des armes a s'essaier *S*
7603 no. 214: $S = GP$ (nur avant st. devant)
7663-4 no. 222 u. 42: $S = BP > FG$
7671-2 no. 223 u. 42: fehlen *S* wie *BP* gegen *FG*
8499-8500: no. 160: $S = AP$
8560 no. 82: Die Zusatzzeilen in *P* finden sich auch in *S*
8563 no. 219: Un jor *PS* Huit (XX *G*) jors *APG*
8579-80 no. 10: fehlen *S* wie *B*.
8582 no. 88: trop *GPS* bien *A* moult *B*
8637: criembre en cel tornoi *GSB* cremir el t. $A > P$
8683 no. 67: l'a tombé *GPS* l'a versé *AB*
8687-8 no. 220: $S = PB > A > G$

Z. 8791-2: Et Gaudins fert Fransqui (Francon *T*) le grant Qu'a terre en (a terre *T* en terre *A*) fiert (ohiet *T* fierent *P*) l'elmes (l'elme *ASPT*) avant (devant *P* luisant *A*)
8870 no. 161: *S fehlt.*
8911 no. 29: fehlen auch *S*, aber mit noch anderen Zeilen.
8914 no. 89: fehlt *S.*
8924 no. 217: fehlt *S.*
8937-97 no. 2: *S* und wohl auch *T* $= HGP > A$
(8987-9003) no. 205: fehlen *S* wie *P*
(9008) no. 185: $S = GP$ mit mangelhaftem Reim
(9068) no. 194: in *S* wie in *G* umgestellt.
(9142) no. 186: $S = B$, nur teuses st. refusé. Die Lesart *BS* ist keineswegs fehlerhaft; vgl. Rom. I, 233.
9594°. 98°, 9604°. 44°, 9748°. 64°. 80°. 82°, 9816°. 88-89) no. 208: $S = P$
(9865-6) no. 209: $S = P$
(9959-60) no. 210: $S = BG$, nur qu'un sol conté $> P$
9050: Que taississiez .1. mot de voir Desploies ci vostre savoir *T* Ne le ne uuel por mon uoloir Que uos issiez (ia isscis *P* ia laissiez *G*) .1. point del (mot du *G* mot de *P*) uoir *ABGP*, *S fehlt*
(335-415) no. 211 fehlt *S.*

Z. 6771	no. 106	Z. 7733-4	no. 35	Z. 8127-8	no. 32	Z. 8740	no. 133
6832-4	107	7739-40	41, 28	8140-43	17	8850-1	108
6869-72	29	7752	40	8195-8	31	8865-6	30
6893-7	122	7797-8	37	8199-200	97	8930	3
6927-30	29	7818	224	8257-8	10	(8977)	204
6935-6	29	7844. 87	38	8263-4	30	(9381-8)	206
6978	92	7865	37	8320°	32	(9401-2)	195
7087-7109	27	7876. 86	39	8342	218	(9412°. 14°)	208
7165-70	29	7879	42	8347-8	34	(9485-90)	207
7187-8	10	7901°, 7902°	33	8367 ff.,	29	(9492°)	208
7201-24 67-8	29	7909-10	40	8405 ff.	29	(9497-8)	196
7283-326	29	7920	37	8478°	32	(9525)	187
7343-66	29	7923°, 74°	36	8606, 8632	30	(9528-31)	197
734.-4	213, 8	7985-90	39	8656	98	(9532°. 72)	208
7513-20	28, 41	7987 ff.	28	8696-7	32	(9798°)	208
7581-5	28, 41	8005-6	39	8727-8	30	9057	18
7639-40	20, 40	8025°	11	8728	132	9159-60	19

Anhang II.

Paraleltext der Z. 7475—8024 nach *FG PB A*[1]*)S*.

Der Zusammenhang ist kurz folgender:

Partonopeus, der Neffe des Königs Cloevis, war durch Melior's Zauberkünste in ihr Schloss gelangt und hatte sich dort ihrer Liebe zu erfreuen gehabt, bis er in Folge seiner Wortbrüchigkeit — er hatte versprochen, Melior nie bei Licht sehen zu wollen — verbannt wurde. Vergebens suchte er nun von wilden Thieren im Ardenner Wald den Tod. Urraque, Melior's Schwester, fand ihn dort durch Maruk's Zauberkunst und brachte den Halbtodten auf ihr Schloss in Valence. Melior ihrerseits sehnte sich nach Partonopeus, den sie nach wie vor liebte, und war betrübt darüber, dass auf den Beschluss ihrer Barone über's Jahr zu Pfingsten ein dreitägiges Turnier ausgeschrieben war, dessen Sieger sie selbst und mit ihr die Krone von Constantinopel als Preis erhalten sollte. Urraque hatte ihr die Rettung des Partonopeus verheimlicht und sie durch falsche Angaben in ihrem Kummer noch bestärkt. Indessen aber wappnete sie Partonopeus köstlich und führte ihn früh Morgens vor Beginn des Turniers in ein Zimmer, welches die Knappen passiren mussten, die aus Anlass des Turnieres von Melior zu Rittern geschlagen werden sollten. Partonopeus mischt sich unter dieselben, um sich gleichfalls von Melior das Schwert umgürten zu lassen. Beim Anblick von Melior geräth er ausser sich und hätte sich ihr beinahe zu erkennen gegeben. Urraque sucht ihn durch Husten zurückzuhalten. Glücklicherweise sind auch die anderen Knappen von der Schönheit Melior's so hingerissen, dass sie sie alle anstarren, und nicht etwa nur wegen ihrer schönen Kleidung,

    7471 Quar ele auroit en un sac gris
           Sor totes autres dames pris.
           Ses vis n'a soing de miroor
    7474 Ne ses gens cors de bel ator;

---

[1] Getreu nach der Ausgabe, nur mit Besserung einiger falscher Lesarten.

	P 7475—7502	G
2a]	Ne lauoit nuſ honſ entreſait	Nelauoit on ſientreſait
	Ne feſioie de ſon deſhait	Nē ſa ioie ne ſon deſhait
	Neſelle dort neſelle veille	77 Neſele dort ne ſele ueille
	Neſoit belle atrop gᵃnt u'melle	Neſoit tᵒp bele agrᵃt m'ueille
	Se .par'. ientent	Separtonopex ientent
	Neſil i muſe folemement	80 Ne ſil imuſe folem't
	Ne li deueſ amal torner	Nelideuez amal torner
	Car autretant enſont ſi per	Qᵘr autretant ē fōt ſi per
	porqᵃnt ſon chief por hōte beſſe	83 por q'nt ſach'e & ſō chief baiſſe
	& vient ali parmi la preſſe	& uiēt alui parmi lap'ſſe
	Siapaour que par enterz	Sirapoor q' par enterz
	Ne ſoit ſeſ gſalſ deſcouerz	86 Ne ſoit ſeſ gſelz deſcou'z
	Atant prent melior̃ſ ſeſpee	Atant melior p'nt ſeſpee
	ſiliabel dou col oſtee	Sili abel du col oſtce
	Deſ rangeſ par leſ flanſ lecait	89 Deſrangeſ ſ'mem't le cert
	& fait le neu bien len eſtraint	par leſ flanſ & b'n lieſtraint
	& jl ence que deli part	& il en ce q' delui purt
	Quil fait ml't aenuiſ & tart	92 Qᵘl fait ml't aenuiz atart
	La regarde . & enſoſpirant	laregardee ē ſoupirāt
	O groſſes lermeſ emplorant	& groſſeſ l'meſ eſpandant
	La dame biē ſen aparcoit	95 Ladame b'n lentent & uoit
	& ne porqᵃnt paſ ne cuidoit	Maiſ ne purq'nt neſaparcoit
	Q' ceſoit il ce ſeroit torz	Q' ce ſoit il . ce ſerot torz
	Car elle cuide quil ſoit morz	98 Qᵘr ele cuide qıl ſoit morz
	Verſ vracle ſe torne & dit	Uerſ uraq' ſetorne & dit
	Ciſt chl'rs ſemble vnpetit	Ciſ ch'rſ ſanble .ı. petit
	De iex vairſ & dela facon	1 Deſ beax elz uairſ & deſacon
	& ne dit pluſ ne o ne non	& ne dit plᵘ ne o ne nō

	A 7475—7488	S
	Ne le voit-on si entreset,	ne la veit l'en, si entre sait
	N'en sa joie, n'en son deshet,	ne sa joie, ne son dehait
	Ne s'ele dort, ne sele velle,	77 ne s'elle dort ne s'elle veille
	Ne soit bele à trop grant mervelle.	ne seit belle a grant merveille
	Se Partonopeus i entent,	Se Parthonopex i entent
	Ne s'il i muse folement,	80 ne si le muse folement
	Ne li devés à mal torner ;	ne le devez à mal torner
	Car autretant en font si per.	Car autre tant en font si per
	Porquant por honte son cief besse,	83 Per quant per onte son cef abaise
	Et vient à li parmi le presse ;	et vint a li parmi lapresse
	Si r'a péor que par enters	Son paor a que per enters
	Ne soit ses consaus descovers.	86 ne seit sis conseus descoverz
	Mélior prent atant s'espée,	Melior prent à tant sespee
	Se li a bel del col ostée,	si li a bel del col ostée

| P | 7475—7502 | B |

Nelauoit on fi entrefet　　　　　Ne la uoit om fi entrefait
Nafaioie na fon dehet　　　　　Ne fefioie defon defhait
Nefele dort ne fele uoille　　77 O fele dort ou fele veille
Nefoit bele atrop g*nt m'uoille　Ne foit bele a g*nt m'ueille
Separt' lentent　　　　　　　　Se parthonopez j entent
  Nefil leime folem't　　80   Ne fil j mufe folement.
Nelideuez amal torner　　　　　Ne li deues a mal torner
Car autretat enfont fiper　　　quat altretat en font fi per
porquat por honte fon chief beffe 83 por q*nt por hote fo chief baiffe
& vient ali parmi lapreffe　　　& uient ali par mi la p'ffe
Sira peor q' par entrez　　　　Sira paor ke par enterz
Nefoit fef gfeuz defcouerz　　86 Ne foit fef gfalz defcouers
& melior faifift lefpee　　　　& melior faifift fesfpee
M)'t liabel del col oftee　　　Si li a bel del col oftec
Def reinef la par lcf flanf ceint 89 def raingef la par les flas cait
& fet loneu & b'n treint　　　　& fer noee. & bien eftraint
& il ence q' deli part　　　　& il en ce q'l de li part
Quil fet ml't aenuiz & tart　92 q'l fait ml't a enuis & tart
Laregardee en fofpirat　　　　La regardee en fofpirant
Engroffes lermes efpandat　　　& groffes larmes efpandat
Ladame bien lentet & uoit　95 Ma dame bic lentet & uoit
  Mais denoient nefaparcoit　　Maif ne por q*nt ne faparcoit
Que ce foit il quil leroit torf　q' ce foit il q'l feroit tort
Quat ele cuide q'l foit mors　98 q*nt ele q'de quil foit mort
V's vracle fetorne & dit　　　verf vraq' fe torne & dit
Cil ch'r famble un petit　　　Cil cheual's femble un petit
Debiax ielz vars & defacon　　1 def bels oelz uairs & de faco
& ne dit pl* ne o nenon　　　& ne dift pl* ne oc ne non

| A | 7489—7502 | S |

Des renges l'a par les flans çaint, 89 desreigné la. per lo flanc ceint
Et fait le neut et bien l'estraint;　et fait lo noud et ben l'estreint
Et il en ço qu'il de li part,　　　et ance qil de lui part
Qu'il fait moult à envis et tart, 92 qil fait molt a envis et tard.
L'a regardée en sospirant,　　　La esgardée en sospirant
Et groses larmies espandant.　　et grosses lermes espandant.
La dame bien l'entent et voit; 95 La Dame ben l'entent et veit
Mais ne porquant ne s'aperçoit　mais ne por quant ne s'aperceit
Que ce soit il, qu'il seroit tors;　que ce seit il . que sereient tort
Car ele cuide qu'il soit mors. 98 Car elle cuide qil seit morz
Vers Urrake se torne, et dit:　　Vers Uraque se torne et dit:
«Cis cevaliers samble un petit,　Li chevalers semble un petit
De beaus iols vairs et de façons....• 1 de beux ouz ... et de faizon
Et ne dist plus ne ol ne non;　et ne dit plus, ne oi ne non

P 7503—7530	G
Ainſ la derechief regarde	Ainz lade (re) rechief eſgarde
Por poi que ne la rapele	4 par poi q'l ne la rapele
Maiſ lamōbªnce deſamor	Maiſ laſanblāce deſamor
Li tolt parler . & fait dolor	Litolt parl' & fait dolor
Quelle ſetient aml't gªnt paɪne	7 Siq'l fetient aml't grāt peine
Q' ne ſe paſme tant eſt vaɪne	Q'l ne ſe paſme tāt eſt uaine
& cil ſenuait ml't regardant	& cil ſe uait ml't regardāt
Car aml't poi de bel ſemblant	10 Qªr aml't poi debel ſenblāt
Q' li feiſt dacenement	Q'l li feiſt acenement
Reueniſt il ml't liement	Reueniſt il ioieuſem't
Ml't a gªnt droit ce meſt auiz	13 Ml't agrant droit ce meſt auiſ
Car ſe geſtoie emp..di.	Qªr ſe geſtoie 8 paradiſ
& ... elle macenaſt for .	& labele macenaſt forſ
Cui iainſ miex q' mo..	16 Q' gaſm plª q' mame & mō corſ
Ou dou chief . ou duel..	Ou de chief ou dueil ou de doi
Toſt meſeroit v... ſoj	toſt me ſeroit uenſr aſoi
Ml't agªnt tenſ que ne laui	19 Ml't agrant tenſ q'ne laui
He diex car fuiſſe iou olſ	he⸴ diex qªr ſuſſe ge olui

2 b]
Par'. iſt del paloiz	Partonopex iſt du palaiſ
ſe mal ot ainſ or a ſordoiz	22 sil ainz ot mal or eſt ſordoiſ
Or iert ſeſ gªnſ max ralumez	Or eſt ſeſ graz delſ alumez
Dont il iert auqueſ reſpaſſez	Dont il eſt auq'ſ reſpaſſez
Il ſenuait geſir en vn lit	25 Il ſenuait geſir ſor ſō lit
Mainte m'uelle ipenſe & dit	Mainte m'ueille ipēſe & dit
Il detort ſeſ mainſ & ſeſ doiz	Il detort ſeſ maiſ & ſeſ doiz
Diex fait il qªnt iert lítornoiz	28 Diex fait il q'nt ert litornoiz
Qªnt iert leure qªchl'r	Q'nt ert leure q' ch'r
Puiſſe proeſce auoir meſtier	puiſſe proece auoir meſt'

A 5503—7516	S
Ains l'a derecief regardé,	Ainz la derecef eſgardé
Por poi qu'el ne l'a rapelé;	4 per poi ne l'a reapelé
Mais la menbrance de s'amor	Mais la remembrance d'ſa mort
Li tolt parler et fait dolor,	li tolt parler et fait dolor
Si qu'elſe tient à moult grant paine,	7 Si qele ſe tient à grant peine
Qu'el ne ſe paſme, tant est vaine.	que n'apaſmé tant est vaine.
Et cil s'en vait moult regardant;	Et cil s'en vait molt regardant,
Car à moult poi de bel samblant	10 car, a molt poi debel ſcemblant
Qu'el li fesist d'acenement	que li feist de cognoiement
Revenist-il joiossement,	Revenist il joyoſament :
Moult à grant droit, ce m'est avis;	13 Molt a grant dreit, ce m'est aviſ;
Car se j'estoie en paradis,	Car si gestoie en . Paradis
Et la bele m'acenast fors	et bele me asseignast fors
Que j'aim plus que m'arme et mon cors,	16 qej'am plus q'ame de mon corps

P 7503—7530	B
Ainz la derechie efguarde	Aínz la de rechief efgarde
par po quil ne la rapele	4 por pou q'l nel a rapeile
Mais lamenbrace defamor	Mais la m'brance de samor
Litoſt parl' & fet dolor	Li tot parler & fait dolor
Siq'l fetient aml't g°nt peine	7 Si q'l fe tient a ml't g°nt paine
Quel ne fe pafme tat ; veine	q'l ne fe pafme tat eſt vaine
& cil fenuet ml't reguardant	& cil fenuait ml't regardant
Car aml't pou debiau fanblat	10 Car a ml't pou de bel femblat
Quel lifeiſt dacignemant	q'l li feiſt dacennement
Reueniſt il ioieufem't	reueniſt il ioiofement
	13 Ml't a g°nt droit ce meſt auis
	Car fe ie fuiffe en paradis
	& la bele macenaiſt hors
	16 q' iaī pl⁹ q' marnie & mon cors
	O de chief . o doeil . o de doi
	toſt me feroit uenir a foi
	19 Ml't a g°ns tenſ q' ne la vi
	E dex q°r fuiffe iu or ali
Partenopex iſt del paleis	Parthonopez iſt del palais
Sil ainz ot mal or a fordeis	22 Sil ot arz mal . or a fordais
Or eſt fef g°nz diauz ralumez	Or eſt fef g°nf duels ralumes [225 d
Dont il ert auq's repaffez	dont il ert alq's repaffes
Il feuet conch' feur fon lit	25 Il fenuaīt giter for fon lit
Mainte m'uoille penfe & dit	Mainte m'ueille j penfe & dit
Il detort fef mains & fef dois	Il detort fef mainf & fes dois
Dex fet il q°nt ert litornois	28 dex fait il q°nt iert li tornois
Quat ert lore qua cheual'	q°nt iert lore q' cheualier
puiffe atornoi auoir meſt'	puiffe procce auoir meſtier

A 7516—7530	S
U de chief, u d'oel, u de doi,	o de cef, oud'oil, o de Dei
Tost m'en feroit venir à soi.	Tot me fereit venir asei
Moult à grant tans que ne le vi,	19 Molt a grant tems queje la vi
Et Deus! car fuscé-je ore od li!	Deus! com fusse ore ot li!
Partonopeus ist del palois:	Parthonopez ist del palais
S'il ains ot mal, ore a sordois.	22 Si aintz ot mal, or afort dreit
Or est ses grans diols ralumés,	Or est si grant duels ralumez
Dont il ert auques respasés.	dunt il ert auqes trespasez
Il se vait geter sor son lit,	25 Il s'en vait geu sor son lit
Mainte mervelle i pense et dit;	mancte merveil i pense et dit [306
Il detort ses mains et ses dois.	il deslort ses mains et ses doigts
«Deus! fait-il, quant ert li tornois?	28 Deus! fait il, qant ert li torneis!
Quant ert l'eure que cevalier	quant ert l'ore que civalers
Puisce proèce avoir mestier?	poise proece aver mesters!

F 7531—7558	G
Diex uiuraige dōt acelior	31 Diex uiurai ge iᵒ qᵃ cel ior
Q' voie biē mefle eftor	Q' uoie b'n melle leftor
& que biē le voie famie	& q' cil uoie veax famie
Qui pluf fera cheualerie	34 Q¹ pl° fera ch'rie
Certef ge vaītrai letornoj	Certef ge uaintrai le tornoi
Nefen porroit nuf pēre amoj	Nuf nesen porroit faire amoi
Car il ne porroit eftre paz	37 Qᵃr il ne porroit eftre paf
Q' ge fuiſſe vaincuf ne laz	Q' ge fuſſe uaincuz ne laf
por ce que penfaiſſe delí	por qºi ge penfaſſe delui
Nemeuſt fempᵉſ rafrefchi	40 Nemeuſt femp'f rafrefchi
Ia ni ferai vne eure empez	Janſ ferai .ı. eure ē paif
Q' nel face biē tout adez	Q'l nel face b'n tot adef
Mef forfaiſ miert por efperon	43 Mef forfez eſt por efperon
& famorſ enlfu daguillon	& famurſ ē liu daguillō
Par' . dīſt fa vanlance	partonopex dīſt fa uētance
amorſ lamil enforcuidāce	46 Amorſ la miſ ē forq'dāce
& fait ml't Richement penfer	Il fait ml't richem't parl'
Enfīſ fait elle home amēder	Aínfi fait il home amend'
Ez uouſ uracle fon folaz	49 Vraq' ieſt afon folaz
Q' lon amaine par leſ braz	Silen ameine par le braz
En une chambre biē celee	En une chābre fu celee
Sili tient trofqᵃ lauefpree	52 Celi tient tat qᵃla vefp'e
& melior dou banc auale	& melior fō braz auale
Qui fon vallet cuide enlafale	& feſ uallez fō braz laiſt ē lafale [
& bien lor dīſt ne lor foit grief	55 & b'n lor dit ne lor foit grief
Quelle aml'l gᵃnt mal en fon chief	Q' la un pou mal ē fō chief
... demain oel audi	& q¹l demain oel audi
Soient oleſ armeſ enfi	58 Soient alor armeſ alui

A 7531—7544	B
Deus! vivrai-jo trosqu'à cel jor	31 Deus! vivrai tros qe à cel jor
Que voie hien meslé l'estor,	quege pois ben mesler lestor
Et que cil voie veals s'amie	et que cil venge veus sa mie
Qui plus fera cevalerie?	34 qi plus fera Civalerie!
42 b] Certes je vaintrai le tornoi,	Certes, je vanzrai li torneis
Ne s'en poroit nus prendre à moi;	ne se poreit nus prendre a mei
Car il ne poroit estre pas	37 Car il ne poreit estre pas
Que g'i fusce vencus ne las;	que ge fusse vencuz ne las
Par coi je pensasce de li,	Por que je pensasse de li
Ne m'éust sempres rafresci.	40 ne m'eust sempres refresci.
Jà n'i serai une ore en pès	Je ne serei une ore en pès
Que nel face bien tot adès.	Que ne face ben tot adès.
Mes forfais m'ert por esporon,	43 Mis forfait m'ert per esperon
Et s'amors en liu d'aguillon.»	et s'amor en loc d'anguillon.

P 7531—7558	B
Dex uiurai ie trufq° cel ior	31 Dex ufurai iu d° al a cel ior
Que voie b'n mefî' eftor	q' uoie bien millor eftor
& q' cil voie uiax famie	& q' cil uoie u'f famie
Qui plus fera ch'rie	34 Ki pl° fera cheualerie
Certes ie veincrai lotornoi	Certef ie uaintrai le tornoi
Nefen porroit nus p'ndre amoi	Ne fõ porroit n° faire amoj
Que il ne porroit eftre pas	37 Car il ne porroit eftre pas
Q' ie fuffe ueincuz ne las	q' gi fuffe uenc° ne las
por q' ie penfaffe deli	por coi ie penfaffe de li
Nemeuft fenp's refrefchi	40 Ne meuft femp's refrefchi
Ne ia ne ferai ore enpes	Ja ni ferai .i. ore en pes
Que nel face b'n tot ades	q' nel face bien tot ades
Mef forfez miert por efperon	43 Mes forfais miert por efperõ
& famor enluí daguillon	& famors en lieu daguillon
Part'. dit fauantâce	Parth'o. dift fa vantance
Amors lamis enforcuidâce	46 amors la mif ensorq'dance
& fet ml't richem't penfer	Et fait ml't richem't penfer
Iffi fet ele home amufer	Enfi fet ele homme am'der
Iffi vracle afon folaz	49 Ef uof Vraq' en fon folaz
Si len maine parmi lef braz	Si len amaîne par les braz
En une châbre pl° celee	En .t. chambre pl° celee
Sili tient trefq°lauefpree	52 Si li tient duc ala uefpree
& melior fõ banc deuale	Et melior del banc deuale
Sef valez leffc enz enlafale	& fes ualles lait en lafale
& biõ lor dit ne lor foit g'ef	55 & biõ lor dit ne lor foit g'ef
Quele aml't g°nt mal enfõ chief	q' la ml't g°nt mal en fõ chief
& quel demain oel audi	Maif el demain oel al di
Soient olor armes ali	58 Soent a lor armes ali

A 7545—7558	S
Partonopeus dist sa vantance,	Parthonopex dist sa vantance,
Amors l'a mis en sorcuidance:	46 Amors l'a mis en sourcuidance.
El fait moult ricement penser,	
Ensi set-ele home amender.	
És li Urrake à son solas;	49 Ecvos Uraque à son solas:
Si l'en amaine par le bras	si l'en amene, per lo bras,
En une cambre plus celée,	en une zambre plus celée: [307
Se li tient trosqu'à l'avesprée;	52 Se le i tent jusqa vesprée.
Et Mélior son banc devale	Et Melior del banc avale
Et ses vallés laisce en le sale,	et ses Vañetz laise en la sale
Et bien lor dist ne lor soit grief;	55 ben lor a dit: ne lor seit grief
Car ele a grant mal en son cief,	quel a grant mal en son lo cef
Et que 'l demain à l'esclarci	et qe deman o el lo di
Soient od lor armes od li.	58 Seient ot lor armes a li.

P 7559—7586 G

	Elle ne ment paſ de ſon mal	Ele ne mēt paſ de ſon mal
	Partout le corſ la ꝯmunal	par tot le corſ la ꝯmunal
		61 Q' damor a ire et deſhait
		par tot le corſ mal li eſtuet
	Q... cuerſ duet q' pluſ ne puet	Q'nt li cuerſ aplˢ q'l ne puet
	touſ leſ mēbreſ partir estuet	64 toz leſ menbreſ partir eſtuet
	a ſa dolor . & a ſapaıne	Aſadolor & aſapeīne
	& char . & oſ . & ſanc . & vaine	& char & oſ & ſanc & uaine
	por ce lor diſt meliorſ voir	67 por ce lor dit melior uoir
	li chief li duet ag·nt pooir	li chief li delt de tō pooer
2c|	Vracle na deſeior cure	Uraq' na de ſeior cure
	com elle voit lanuit oſcure	70 Q'nt ele uoit lanuit oſcure
	Le ꝯgient p·nt deſaſeror	le ꝯgie p'nt deſaſeror
	Aſeſ ꝯpaigneſ fait ſon tour	Aſeſ ꝯpaigneſ fait ſō tor
	& ſenuient aſon chl'r	73 & ſenuſēt aſon ch'r
	Silen maine iuſqual grauier	Silē maine i·q·u grauier
	Ou ſaneſ tout aſeſc eſtait	Ou laneſ tot aſec eſtoit
	Entrent ſiont iuſ le pont trait	76 Entrent ſi ont ſor le pont troit
	& peſeyz oelz eſt enz	& parſeiſ oelſ ſenuaſt
	Qui don ne puet auoir neprent	Q' donc ne puet auoir lōc plait
	De ce quelle ainme ainſ eſt iſſi	79 De ce q'l aime or li unit ſi
	Quelle ainme & si na point daroi	Or laſme & ſi na poıt darni
	Si ſaſ ge chaitiſ tout adez	Si ſaz ge cheitiſ tot adeſ
	Maiſ diex me face aucun relez	82 Maiſ diex me face au9 releſ
	& me doint autreſ charitez	& doint ueoir une clarte
	Que baiſieſ ſoie & acolez	De baiſ ou deſtre acole
	Aſlot motent en la mer ſont	85 Or monte tant ō ſlote ſont
	& aſlot retraiant ſenuont	& or le retraient ſenuont

A 7559—7572 8

El ne lor ment pas de son mal,	Ele ne ment pas de son mal;
Par tot le cors l'a comunal:	per tot lo cors l'a comunal;
Qui a d'amors ire et deshet,	61 Car a d'amors ire et dehait
Par tot le cors mal li estet;	per tot lo cors mal li estait
Quant li cuers diolt que plus ne puet,	Qant li cors dolt qi plus ne polt
Tos les menbres partir estuet	64 tot li membres partir estoet
A se dolor et à se paine,	a sa dolor et a sa peine
Et car et os et sanc et vaine;	et char et os , et sanc et veine
Por ço lor dist Mélior voir;	67 Per ce lor dist Meliore vere
Li chiés li diolt de tot pooir.	li cef li doult de son poere
Urrake n'a de sejor cure:	Vraque n'a de sojor cure
Quant el voit la nuit plus oscure,	70 cum ele veit la nuit oscure
Son congié prent de sa seror,	lo congié prent de sa seror;
A ses conpaignes fait s'onlor,	per ses campagnes feit son tor

59

| P | 7559—7586 | B |

```
& nelor ment paſ deſõ mal         El ne lor m't paſ de ſon mal
partot locors lacomunal           par tot le cors la ꝯmunal
Qui adamor ire & dehet         61 Ki a damors ire & dehait
partot locors mal lieſtet         par tot le cors mal li eſtait
Quat li cuers dielt qꞇ plͬ ne puet   qᵃnt li cuerſ duelt ke plͬ ne puet
toz leſ menbres partir eſtuet  64 tos les m'bres partir j ſtuet
Aſadolor & aſapeine               A ſa dolor & aſa paine —
& char & os & ſanc & velne        & char & os . & ſanc & uaine
por ce lor dit melior voir     67 por ce lordiſt melior voir
Li chief li dielt atot pooir      Li chies li duelt a tot pooir
vracle na deſelor cure            vraq' na de ſeior cure —
ꝯele voit lanuit oſcure        70 ꝯ ele uoit la nuit obſcure
Si pᵃnt ꝯgle deſaſeror            Son cõgie p'nt de ſa ſeror
Aſeſ ꝯpaigneſ ſet ſõ tor           A ſes ꝯpaignes fait ſõ tor
& ſenuient aſon ch'r           73 & ſen vient a ſon cheualier
Silen meine treſqᵃu grauier       Silenmaine duc al grauier
Oſaneſ tot aſec eſtet              Ou ſa neſ tot a ſoc eſteit
Entre ſ't enz lopont ont tret  76 Entre j ſut le pont ont trait
& parſewis oelſ ieſt              & parſowiſ od elz j eſt
Qui don ní puet auoir nep'ſt      q' ne puet auoir nul ꝩquest
De ce q'le eime ainz liuet ſi  79 De ce q'l aime . ainz li ua ſi     [225ᵉ
Quele eime & ſina point dami      q' le aime ſi nat point dami
                                  Si faz ie chaitiſ tot ades
                               82 maiſ dex m' face alcū reles
                                  & doinst ueals une carite
                                  de baiſier ou deſtre acole
Olomontant enflote ſont        85 Od le motat en flote fut
& olo ret⁼ient ſenuont            & od le retraiant ſẽ uont
```

| A | 7573—7586 | S |

```
Et s'en vient à son cevalier,        73 et sen veint à son Civaler
Si l'enmaine trosqu'el gravier          si li moine tros q au grever    [308
U se nés tot à sec estet.               o sa nef tot a fait esteit
Entrent, si ont sus lor pont tret,   75 entrēt enz: siont lo pont trait
Et Persewis od els i est,               Et Persovis o ceux i est
Qui don ne puet avoir ne prest          qui donc ne poit aver ne prest
De ço qu'ele aime: ains li vait ʋi    78 de cel qel ame, ainz li vait si:
Qu'ele aime et si n'a point d'ami.      qele ame, et si n'a point d'ami.
Si fac-jo, caitis, tot adès;            Si fai-ge, chaitis, tot adès
Mais Deus m'en face aucun relès,     81 Deus me face aucun relès
Et doinst veaus une carité              et doinst vaus une charité
De baisier et d'estre acolé.            de baser o estre acolé!
Od le montant en flote sont,         84 Od le monte à tant en flote sont
Et od le retraiant s'en vont.           etot leretrajant sen vont
```

P	7587—7614	G
Liretraianſ leſ met enmer		liretraient leſ met en mer
& liuens leſ . . aler	88	& li uez leſ enfait aler
A gᵃnt vigor & aeſp . . it		Agrant ulgor & aeſploit
Seſ met ſuſ aſalence droit		Siſenuont aſalance droit
Li gourenereſ crie eſchale	91	Li gou'niereſ criēt qᵃillent
Sa bonɴe genſ le ſigle auale		Seſ boneſ genz ſeſ ſigle aualēt
Cil g'piſſent leſ notenierz		Cil g'piſſent leſ notonierſ
Si ſen iſſent ml't uolentierz	94	Siſeniſſent ınl't uolant'ſ
Si uiōnent iuſqᵃlor chaſtel		Si uinrōt trus q' lor chaſtel
Ou on lor ſait ml't Riche apel		Ou lō lor ſiſt meillor apel
Debiax mangierſ & debonſ uinz	97	De beax mēng'ſ & de beax uiſ
Laſeiornent ſoirſ & matinz		Laſeiornent ſoir & matinſ
& iorſ . & nuiſ . agᵃnt delit		& iorſ & nuit agrāt deduit
Forſ que .par'. ſocit	00	forſ q' partonopex ſocit
Del ior del tornoi deſirrer		Du ior du tornoi deſirrer
& de ſeſ armeſ aceſmer		& deſeſ armeſ aceſmer
Vint iⓞſ deuant laſenſion	3	viii. iorz deuant lecenſſion
quil ſaiſoit chaut agᵃnt ſuiſon		Q' tᵒp ſaiſoit chalt aſoiſon
Quil ne pooit deduire aler		Q'n ne puoit deduire al'
Dormoit uracle oleuiſ cler	6	Dormoit urake ap'ſ diſner
& perſeyſ enſemble oli . .		& parſeiſ enſanble olui
par'. nēl ſait paſ ſi		partonopex ne ſait paſ ſi
Ainſ eneſt aleſ por deport	9	Ainz eneſt alez por deport
Sanſ lor ſeu deduire alport		Sanz ſoi trop demorer auport
En vn batelet eſt entrez		En .i. batelet eſt entrez
Sia .ıı. auironz trouez	12	Si a .ıı. au¹ronſ (eſt entrez) tᵒuez
Siua naiant parmi lamer		Siuait adeſ par cele mer
& qᵃnt cuide arier . retorner		& q'nt il qıde retorner

A	7587—7600	S
Li retraians les met en mer,		le retreianz les ınet en mer
Et li vens les en ſait r'aler	88	et li Ventz les en ſait aler
A grant vigor et à esploit,		a grant vigor et a expleit
Se's met sus a Salence droit.		Ses enmeine à Salence dreit
Li governere crie: «Cale!»	91	Li Governers crie Cale
Sa buene gens le sigle avale;		Si compagnon lo sigle avale
Cil guerpissent les notoniers;		Cil guerpisent les noutoners
Si s'en iscent moult volentiers,	94	si sen iscent molt volunters
Si vienent trosqu'en lor castel,		sen venent tros que lor Castel,
U on lor ſait moult rice apel		o l'an lor ſait molt rice apel
De beaus mangiers et de bons vins.	97	debeus mangiers et de bons vins .
Là sejornent soirs et matins,		lai sojornent sers et matins
Et jors et nuit, à grant delit,		et nuitz et jors a grant delit
Fors que Partonopeus s'ocit	00	fors que Partonopex s'ocit

P 7585—7614 B

Liret•ienz leſ meſt enmer	Li retraianſ les met en mer
& liuenz leſ ſet loſt al'	88 & li uenſ les en fait aler
Ag•nt vigor & aeſploit	A g•nt ulgor & a eſploit
Leſ met ſuſ aſalence droit	Se met ſuſ en ſalēce droit
Li gou'nerres crie hale	91 Li gouerneref crie cale
Sabone gent loſigle auale	Sa bone gēs le ſigle auale
Cil g'piſſent leſ notoniers	cil guerpiſſōt les notonſers
Siſen iſſent nil't volantiers	94 Si ſen iſſent ml't uolentiers
Siuienēt tresqualor chaſtel	Si uienent duc en lor chaſtel
O len lor ſet ml't bel apel	Ou on lor ſait ml't riche apel
Debiax mangiers & debiax vins	97 de boſ magiers & de bōs uinſ
Laſeiornēt ſoirs & matins	La ſoiornēt ſoirs & matins
& iorz & nuit ag•nt delit	& ior & nuit a g•nt delit
fors q' part'. ſocit	00 ſorſ ke parthon'. ſocit
Del ior del tornoi deſirrer	del ior del tornoi deſirer
& deſeſ armes aceſmer	& de ſeſ armes aceſmer
Uit iorz deuant laſcenſion	3 Diz ior deuat laſcention
Quil faiſoit chaut t•p afoiſon	qil faiſoit chalt t•p a foiſon
9 ne pooit deduire aler	q' om ne pot deſduire aler
dormoit vracle enp'ſ diſner	6 dormoit uraq' ap's diſner
& parſewis enſanble oli	& parſowiſ enſemble od li
part'. nel ſet paſ ſi	parthon'. ne fait pas ſi
Ainz eneſt alez par deport	9 Aïnſ en eſt ales por deport
Senz lor ſeu deduire auport	Senſ lor feu deſduire al port
En un batelet ;entrez	En une nacele eſt entres
Sia deſ auirons trouez	12 Si a dous auirons cobres
Siuet ioant par cele mer	Si wait juant par cele mer
Maiſ q•nt il cuide retorner	Maiſ q•nt il quide retorner

A 7531—7544 S

Del jor del tornoi desirer,	del jor del tornei desirer
Et de ses armes atirer.	a des armes a s'essaier.
Huit jors enprès l'Asension,	3 Olt jor avant l'ascension
Qu'il faisoit caut trop à fuison,	que caut faseit a grant foison
C'on ne pooit déduire aler,	que ome ne pot desouvre aler
Dormoit Urrake enprès disner	6 dormeit Vraque après disner
Et Persewis ensamble od li;	et Parsovis ensemble o li .
Partonopeus nel fait pas si,	Parthonopex ne fait pas si,
Ains en est alés por deport	9 ains en est allez déporter
Sains lor séu déduire al port.	Sens lu des dure aporter
En un batelet est entrés,	En un bastel est entrez
Si a deux avirons cobrés,	12 Si a dos avirons covrez;
Si vait nagant par cele mer;	Si vait joiant per cele mer;
Mais, quant il cuide retorner,	Mais qant il cuide retorner

P 7615—7649	G
vnſ gᵃnſ eſtorbilonſ leprent	15 .I. eſtorbelllon le ſorp'nt
Qui ml't liuint foudaīnement	Q'li foruint ml't ſoltielm't
Il eſtriue del repairier	Il eſtriue de repairier
Maiſ ne li puet auoir meſtier	18 Maiſ ne li puet auoir meſt'
Liuenſ lenmaīne par lamer	liuēz lōmaīne aual lamer
Sel fait en une iſle ariuer	Silenqᵈde aual port'
Ains quil par foit el port feruz	21 Ainz qᶦl parſoit el port ſeruz
I eſt il pris & retenuz	I eſt il priſ & retenuz
Liiſleſ anon tenedon	Li iſleſ anō tenedon
por bel le tiōnent & por bon	24 A beau letienōt & abon
Liſlreſ anon hermanz	Liſlreſ ō anō h'menz
vnſ diaubleſ vnſ uiax tiranz	.I. deableſ .ı. fiers tiranz
vnſ chl'ſ corſuſ & forz	27 .I. ch'rſ corfuz & forz
Onqueſ nama geuſ ne deporz	Onc nama ioie ne deporz
forſ ſeul tornoier & iouſter	Forſ ſol tornoier & ioſt'
Chlr'ſ prendre. & afoler	30 Ch'rſ laid' & fouler
Lieſ eſt qᵃnt il un en ocit	liez eſt q'nt il .ı. ō ociſt
& qᵃnt lenoit morir ſirīt	& q'nt le uoit morir ſiriſt
Qᵃnt il eſt miudreſ chlr'z	33 q il eſt mieldreſ ch'rſ
tant locit il pluſ volentierz	tant locit il plᵘ uolent'ſ
& qᵃnt vn en meſt empriſon	& q'nt .ı. enmet en pᵈſon
Neniſtra maiſ par raencon	36 Ianeniſtra por raençon
par'. liont liure	partonopex liont liure
Il la entrau'ſ refgarde	Il la entrau'ſ regarde
bien ne li diſt ne na parole	39 Git' le fait ē ſa geole
Geter le fait enſa iaiole	Rienſ ne li dit ne naparole
Ml't lont vracle & perſeyz	Ml't lont urake & parſeiſ
par treſtout demande & quiz	42 par treſtot demãde & quilſ

A 5508—7528	S
Uns estorbellons le souprent,	15 Uns estorbillons lo surprent
Qui li sorvint soudainement.	qui lor sorvint soldeement .
Il estrive de repairier;	Il estrive del repairer.
Mais ne li puet avoir mestier.	18 mais ni li pot aver mester;
Li vens l'enmaine aval le mer,	Livenz l'enmene a val la mer
Se'l fait en un isle ariver.	S'il fait en une Isle ariuer;
Ains que par soit el port ferus,	21 Ainz que il seit au Port venuz
I est-il pris et retenus.	Si fut il prins et retenuz
Li isles a non Thenedon;	Les Isles a nom Tenedon;
A bel le tienent et à bon;	24 et a bel lo tent et a bon;
Li sires en a non Armans,	et le Sires a nom Hermans
Uns diables, uns fiers tirans,	unz Diables, uns fers Tyrans
Uns cevaliers corsus et fors.	27 Vn civalers corsus et fortz
Onques n'ama gius ne depors,	Unques n'ama jos(?) ne desportz

P 7615—7642 B

vnſ eſtorbeillons lo ſeurprət	15 vnſ eſtorbillons le ſop'nt
Qui li ſoruient ſodeem't	q'l foruoie ſodainement
Il eſtriuoit del repairier	Il eſtrſue del repairier
Mais ne lipuet auoir meſt'	18 Maiſ ne li puet auoir meſtier
Liuenz lenmoine aual lamer	Li uës lə maine aual le mer
Sil ſet enune iſle ariuer	Sil ſait en .ɪ. iſle arriuer
Ainz q' il ſoit el port venuz	21 Ainz qɪl parſoit al port uenˢ
leſt ilpᴵſ & retenuz	I eſt il pris & retenus
Li iſleſ anon tenedon	Li iſles a nom tenebon
Abiau lo tienət & abon	24 A bel le tienent & a bon
Liſireſ ena non ermanz	Li ſires en a no armans
vnſ diables vnſ fierſ tyranz	.I. diables .ɪ. fiers tyranſ
vnſ ch'rſ corſuz & ſorz	27 .ɪ. cheual's corsˢ & ſors
Onq's nama ieus ne deporz	qɪ ainſ nama iˢ ne depors
fors ſol tornoier & ioſter	ſors ſol tornoier & ioſter
Ch'rs laidir & ſoler	30 Cheual'rs laidiſ & ſoler
Liez eſt qᵃnt il nul ɩnoccit	Lieſ : qᵃnt il nul en ocit
& qᵃnt morir leſ voit ſirit	& qᵃnt morir les uoit ſi rit
ɡil eſt miaudres ch'rſ	33 ɡil ÷ mieldres cheualiers
tant locit il plˢ volantiers	tat locit il plˢ uolentiers
& qᵃnt vn enmet enpᴵſon	Et qᵃnt .ɪ. en met en priſon [225 f
Janen iſtra por reancon	36 Ia nen iſtra par raencoN
part'. liont liure	parthon'. li ont liure —
Il la entrau'ſ reguarde	I la entrauers regarde —
bien ne li dit ne ni parole	39 Rien ne li dit ne ne parole
Ieter lofet enſagiole	Geter le ſait en ſa gaiole
Ml't lont vracle & parſewis	Ml't lont vraq' & parſowis
Demade par tot lopais	42 demande par treſtot & q's

A 7629—7642 S

Fors seul tornoier et joster,	fors sol torneier et joster
Cevaliers laidir et ſoler:	30 Civaler laidir et aſoler
Liés est quant il nul en ocit,	Les est quant il nul en ocit
Et quant morir le voit, s'en rit.	et quant morir les veit, si rit
Quant il est mioldres cevaliers	33 Cum il est meldres civalers
Tant l'ocit-il plus volentiers,	tant l'oncist il plus volunters
Et quant un en met en prison	et qant un en met enprison
Ja n'en istra por raençon.	36 jà n'en istra per raison
Partonopeus li ont livré;	Parthonopex li unt livré;
Il l'a en travers regardé;	Il l'a en travers regardé
Riens ne li dist ne n'i parole,	39 Rens ne le dist ne li parole
Geter le fait en se gaiole.	geter le fait én sa zoiole.
Molt l'ont Urrake et Persewis	Molt l'unt Vraque et Persovis
Par trestot demandé et quis:	42 demandé a per tot, et quis

P 7643—7668	G
Ml't le plorent . ml't le demētent	Ml't leplorōt ml't ſe dem'tent
Ml't le plaīgnēt ml't ſe tormētēt	Ml't leplaignēt ml't ſe torm'tēt
Ne vouſ puiſ le duel aconter	45 Neuoſ puiſ tot le lor gt'
trop mi eſteuroit demorer	trop mi eſtouroit demorer
treſque bien preſ de pētecouſte	treſq' ml't p' de pentecoſte
Maīnent lor duel qui ml't lor couste	48 Meīnēt lor duel q' ml't lor coſte
Ladame leſ mande aſaſeſte	Ladame leſ māde aſaſeſte
Quelle tendra gºnt & honeſte	Q'le tcnra grāt & honeſte
Elleſ iuont ſanſ gtredit	51 Eleſ iuont ſanz gtredit
Maiſ ml't ſienuoiſent pelit	Maiſ ml't ienuoiſēt petit
Ladame eſpoire biē & croit	Ladame eſpoire ml't & croit
Q' lor deſhaiſ por le ſiē ſoit	54 Q' lor deſhez q' le ſien ſoit
por ce neſ enmet araiſon	por ce neſ ēmet araiſon
Ne ne demande lochoiſon	Ne ne demāde lachoiſō
Ml't parfont gºnt duel enſecroj	57 Eleſ font grāt duel aſegºi
plorant atēdent le tornoj	plorēt atendōt le tornoi
Hermanſ qui tiēt lor ami priz	harmant qᵗ tiēt lor ami pⁱſ
uint au tornoi gq'rre priz	60 vait au tornoi gq'rre priſ
2 e) porqºnt ſieſt bien gneuz	porq'nt ſieſt b'n gneuz
ſ maine oſoi bien xx. eſcuz	ll maine oſoi b'n m. eſcuz
par'. remaint dolenz	63 partonopex remeſt dolēz
ll aenſoi gºnſ marremenz	Ml't ē ſoi grāt marrem'z
lafemme hermant leua uoſr	La ſeme armāt le uiēt ueoir
& ml't li prie abon eſpoir	66 M'lt li prie en bon eſpoir
Quil ſe gfort & ſoit haitiez	Qıl ſe gfort & ſoit hetiez
Il li reſpont iamais niert liez	& il reſpont ianert meſ liez

A 7643—7654	S
Moult le plorent, moult se de- mentent.	Molt leplorient, molt se démen- tent
Moult se plaignent, moult se tor- mentent.	molt se plangent, molt se tor- mentent;
Ne vos puis lor duel aconter,	45 Ne vos poi lo dol aconter
Trop m'i esteuroit demorer:	trop mi estrovent demorer [3]
Trosque moult près de Pente- couste	Tresque molt près de Pante- coste
Maīnent lor duel, qui moult lor couste.	48 Menent lor dol qi molt lor coste.
Mélior les mande à se feste,	La Dame les mande à sa feste
Qu'ele tenra grant et honeste;	que la tendra grande et honeste
Eles i vont sains contredit;	51 Eles i vont senz contradīt
Mais moult i envoisent petit.	mais molt i en veisent petit
La dame cuide bien et croit	La Dame spere ben et creit
Que lor deshès por le sien soit,	54 que lor dehait por lo sen seit

P 7643—7668	B
Ml't lo pleurēt ml't lo demētēt	Ml't le plorent ml't ſe dem'tent
Ml't lo pleignēt ml't ſe torm'tēt	Ml't ſe plaignēt ml't ſe lorm'tēt
Ne v' puis lor dolor ɡt'	45 Ne uos puis lor duelz aconter
trop mi eſtouroit demorer	top mí couenroit demoreR
treſq' vínt p'ſ de pentecoſte	Duc q' ml't p's de penthecoſte
Meinēt lor duel q' trop lor coſte	48 Mainēt lor duel ki ml't lor coſte
La dame leſmade aſaſeſte	La dame leſ made a ſa feſte
Quele tendra gⁿnt & honeſte	q'le tenra gⁿnt & honeſte
Eles iuont ſanz ɡtredit	51 Eles j uont lēs ɡtredit
Mais ml't ienuoiſent petit	maiſ ml't j enuoiſent petit.
Ladame eſpoire biē & croit	La dame eſpoire biē & croit
Que lor dehet por lo ſuen ſoit	54 ke lor dehaiſ por le ſien ſoiſ
por ce neſ enmet araiſon	por ce neſ en met a raiſon
Nenen demāde achoiſon	Ne ne demāde loccoiſon
Eleſ font gⁿnt duel aſegroi	57 Eleſ font gⁿnt duel en ſecroi
plorant atōdant lotornoi	plorant atendent le tornoj
hermanz q' tient lor amis p'ſ	Armās ki tient lor ami p's
vait autornoi ɡq'rre p'ſ	60 vait al tornoi ɡq'rre pris
porquāt lieſt trop ɡneuz	por tant ſi eſt tᵒp coneus
Il meine oſoi bien .xx. eſcuz	I maine od ſoi biē .xx. eſcᵒ
Ml't liſiet bien el dos liuenz	63 Ml't li ſiet bien a dos. li uēs
part'. remeint dolenz	parthō. remaint dolens
Laſeme hermanz louient ueoir	La femme armat le ua veir
Alui met treſtot ſon pooir	66 Ml't ſentremet de lui proir
Quil ſe ɡfort & ſoit hailiez	q'l ſe ɡfort & ſoit hailies
Il lireſpont q'l niert ia liez	& il reſpōt q'l niert ia lies

A	7655—7668 S
	por ce ne ſe met araiſon
	ne demanda lacaiſon
	57 eles font grand dol a ſei greſ
Mit Z. 7654 endet Bl. 42. Der Cuſtode: »VI'« ergiebt, daſs hiermit die Lage VI ſchlieſſt. Mit Z. 7815 beginnt Bl. 43; es fehlt ſonach Bl. 1 der Lage VII.	plorent attendent lo tornei.
	Hermans qui tent sun ami pris
	60 vait au tornei conquerre prix
	Por quant si est trop coneuz
	Il meine ot sei bien xx escuz
	03 Mort li fert ben el doz li ventz.
	Parthonopex remant dolenz
	La feme Hermans lo vait veir
	66 mot ſentramet de lui prieir
	quil ſen confort et ... hitiez
	et il respont qeja n'ert liez

P   7669—7696   G

Q⁃nt il ne puet eftre al tornoj	69 Q'nt ne puet eſt⁃ a cel tornoi
Jamaiſ naura 9fort enſoj	Jamaiſ naura 9fort enſoi
Or ont entrauſ .n. tant parle,	Ore ont tāt andelᵉ parle
& il ali atant plore	72 & cil atant iluec plore
Q' laſ⁃nche en ag⁃nt pitle	lafranche dame ē api tie
Dece que le voit tant irie	De ce q'le le uoit irie
Sili adit biax douſ amiz	75 Sili adit beax doz amiſ
hermanſ vouſ a empriſon miz	hermāz a ē p(ſō miſ
Si eſt ſor moi de vous garder	Sieſt ſor moi denoſ gard'
Ne uouſ en oſ laiſſier aler	78 Neuoſ ē oſ laiſſ' al'
Se geneltoie bien ſeure	Maiſ ſe geſtoie b'n ſeure
Q' vouſ preiſieſ garde & cure	Q' uos p'iſſiez garde & cure
Quil voul trouaſt enſapriſon	81 Q'l uoſ trouaſt ē ſa p'ſon
Q⁃nt il reuendroit enmaiſon	Q⁃nt il reuenroit ē maiſon
Her dame ice vouſ iureraj	Dame ſait il ge uoſ ſurrai
que iou treſtout ensi feraj	84 Q' ge tot aīnſi le ſerai
Se ge ne ſui ou morſ ou priz	Se ge ne ſui ou morz ou p'ſ
& ſe gen puiſ eſtordre uiz	86 & ſe gen puiſ eſtordre uiſ
Sor leſ ſainſ le vouſ iureraj	a
Quē la priſon me remetraj	b
Ge ne puiſ liurer autre oſtage	87 Ge nē puiſ liurer autre gaige
forſ ſairement & mō homage	forſ ſeirem't & mō homaige
voſtre honſ ligeſ endeuanraj	voſtre hom lige ē deuenrai
& touſ iors voſtre ſerſ ſeraj	90 & toz iorſ uoſtre ſerſ ſerai
Aiceſt mot li chiet aſ piez	A icet mot li chiet aupie
Ladame plore de pitiez	ladame ē pleure de pitie
Silaſuſ trait & acole	93 Silaſuſ trait & acole
& ſor lui longement plore	& ſor lui lōguement plore
Ladame diſt vouſ en iroiz	Atant li dit uoſ enuiroiz
ſanſ ſairement q' ne ſeroiz	96 Sanz ſerem't q' me ſaciez
Gentiſ honſ eſteſ, ce meſt uiz	Gentix hom eſteſ ce meſt uiſ
Aceſt gent corſ aceſt cler uiz	Au gent corſ pert & au cl' uiſ

B   7669—7684   S

70	jamais n'aura confort ensei	Si est sor mei de vos garder
69	quant ne pot estre a cest tornel	ne vos en ous laser aler 78
		Se jen esteie ben seure
		que vos preinsiez garde et cure
2] 73	La franche Dame a grant picié	qil vos trovast ensaprison 81
	de ce qele veit tant iré	quant il revendrot a maison...
75	Si li a dit: Beus doux amis	Dama, fait il, je vos jurarai
	Hermans vos a en prison mis	que je treſtuit ansi ferai 84

P   7669—7698   B

Quat il ne puet eſtre au tornoi	69 q*nt il ne puet eſtre al tornoi
Jamais naura 9ſort enſoi	Jamaiſ naura 9ſort en ſoi
	72
La franche dame ag*nt pitie	La francho dame a g*nt pitie
De ce q'l lonoit tat irie	de ce q'l le uoit tant irie
Sili adit biax doz amis	75 Si li a dit bealz doz amis
hermanz v⁹ a en priſon mis	Armaſ uos a en p'ſon mis
Sieſt ſeur moi de v⁹ guard'	Si eſt for moi de u⁹ garder
Ne v⁹ enos laiſſie aler	78 Ne uos en oz laiſſier aler
Se le neſtoie b'n ſeure	Se ie neſtoie biә ſeure
Que v⁹ p'iſſez guarde & cure	q' uos p'iſſies garde & cure
Quil vous trouaſt en ſa p'ſon	81 q'l uos trouuiſt en ſa p'ſon
Quat il reuadra enmaiſon	q*nt il reuenroit a maiſoᵲ
Dame ſet il iel v⁹ iurrai	dame fait il ie uos jurraj
Que ie treſtot iſinc ſerai	84 q' ie treſtot ice ſeraj*)
Se ie ne ſui ou morz ou p'ſ	Si ie ne ſui o mors o pris
& ſe ien puis eſtordre uis	86 & ſi ie puis eſtordre vis

Je nen puis liurer autre oſtage	87 Je nә puiſ liurer alt* oſtage
fors ſairem't & mo homage	forſ ſairem't & mo homage
vr'e homſ liges ci deuәdrai	voſtre hom liges ci deuenraj
& toz iorz v're ſerz ſerai	90 & toſ iors uoſtre ſers ſeraj
Aiceſt moſt li chiet aupie	A iceſt mot li chiet al pie
Ladame pleure de pitie	La dame en plᴏre de pitie
Silatrait ſus & acole	93 Si la trait ſuſ et acole [226a
& ſeur lui longuem't plore	Et for lui longem't plore
Atant lidit v⁹ en (in) iroiz	Atant li dist uos en irois
Sanz ſairem't q' menſacolz	96 Sens ſairem't ke me facois
Gentiz homs eſtes ce meſt vis	Gentilz hom eſtes ce meſt vis
Au g*nt cors pert & au cler vis	Al gent cors pert & al cler nis

*) 83 nach 92 nachgetragen.

B   7685—7698   S

Se ge ne suis o morz o pris	La Dame plore de pitié
et si ge m'en pois estordre vis	Si la trait sus et acole 93
87 Ja ne pois livrer autre ostaje	et sur li lonzement plore.
fors serrement et mon ho-	A tant li dit: Vos en irez [313
maje	Sans sairement que me ferez 96
Vostre ome liges ie devenrai	Gentiz om estes, ce m'est vis
90 et toz jors votre serfs sirai.	au gent cors pert, et au cler
A ces motz li cheit aupié.	vis

F   7699—7730   G

Ennouſ me met del reuenir	Enuoſ me met delreuen'
Ou moi neſtuece aduel morir	00 Q' moi neſtuiſſe a duel morir
hermanſ eſt de gᵉnt crualte	hermaz eſt de grat cʳelte
Mi't mauroit toſ arſe ð un re	Deſtrulte ſui ou arſe ð re
Sil ne vouſ trueue aſonrepaire	3 Sil ne uoſ trucue ð ſo regne
Car ml't eſt fel & deput aire	Mais uoſ eniroiz par mō gre
2 ſ] Or vouſ ferai ſi gᵉnt bonte	& uoſ f(r)erai ſigrat bontez
qualer vouſ enlairai arme	6 Q' uoſ uoſ eniroiz armez
Detouteſ armeſ bel & bien	Detoteſ armeſ b'n & b'n
Sique ia ne vout faura Rien	& ſi ne uoſ iſaudra rien
Sen manroiſ vn bō cheual blanc	9 Sim'rrez .ı. bon cheual blāc
Dont loreille reſemble ſanc	Dont loreille acolor desāc
Dun blanc diaſpre iert la coliere	Dun blāc diap' aura culiere
& deₓmeiſmeſ la coliere cruplere	12 & derneiſme ert la croupiere
Li voſtʳe eſcuſ iert a argent	& uoſtre eſcu ert a argōt
Naura millor ou aura cent	Naura meillor ou aura .c.
Sí aureſ vn blanc gſanon	15 Siaurez .ı. bon gſenō
pendant deſi qua voſtre arcon	O langueſ truſ q' al ar(o)cō
Chauceſ teleſ hauberc & hiaume	Chauceſ teleſ haub'c & heaume
Naura millor en ceſt roialme	18 Nauᵃ meillor ō ceſt roialme
& vouſ preſterai vne eſpee	& uoſ p'ſterai une eſpee
Qui en vn ſarqueu fu trouee	Q' fu en .ı. ſarq'u trouee
tᵃnchanſ & anciene . & dure	21 tᵃnchant aenciane & dure
& ſe diex vouſ dōne auenture	& ſe diex uoſ done auēture
Q' puiſſieſ caienſ reuenir	Q' puiſſiez ca uſſ reuen'r
Ge penſerai de uouſ garir	24 Ge penſſerai deuoſ garir
& q'rrai ml't bonne achoiſon	& q'rrai ml't bon achoiſon
De vouſ geter ſorſ de priſon	Q'l uoſ metra ſorſ de p'ſon
& ſe uouſ moreſ el tornoj	27 & ſe uoſ morez el tornoi
Dont eſt il treſtout fait de moj	Donc eſſera tant fait de moi
Hermanſ mocira deſeſpee	hermaz mocirra deſeſpee
Ja ní aura raiſon gſee	30 Janſaura raiſō contee [152

S   7699 - 7714   S

En vos me met del revenir   de totes armes bel et ben
00 que mei n'ostoce a dol morir.   Si que vos nen i faudra ren.
Hermans est de grant cruelté   Sin menez un bon cival blanc   9
detraite sui o arse enrai;   dunt l'oreile a color de sanc
3   dun blanc diaspré au racolere
   et de meisme la cropere   12
Et ge vos ferai tel bonté   et vostre escuz ert a hargent
6 qe vos en irez ben armé   n'en a melor ou en a cent

P	B
En vous me met del reuenir	En u⁹ me met del reueniʀ
Quil ne mē eſtuiſſe morir	q' ne meſtuece a duel moriʀ
hermanz eſt de gᵃnt cruſaute	Armanſ eſt de gᵃnt crualte
Detraite ſui o arſe en re	deſtruīte ſui ou arſe en re
Sil ne v⁹ trueue aſon repaire	Sil ne u⁹ trueue a ſō repaire
Car ml't eſt ſel & de pute aire	Car ml't eſt ſel & de mal aire
& vous ferai ſi gᵃnt bonte	le uos ferai ſi gᵃnt bontes
Qual' vous enſerai arme	q' uos u⁹ enſrois armes
Detotes armes bel & bien	de totes armes bel & bien
Si q' ne v⁹ iſaudra rien	Si ke ne u⁹ en farra rieɴ
Senmenroiz vn buen cheual blāc	Sen m'roiſ .ɪ. bon cheual blāc
Dont loroille acolor deſanc	dōt loroille a color de ſanc
De blanc diap' aura coliere	dun blanc diaſp' aura coliere
& de meiſmes la cropiere	de ce meiſme la cropiere
& v're eſcuz iert a arient	& uoſtre eſc⁹ iert a argent
Nen aura nul meillor en cent	Naura millor ou naura cent
Siauroiz vn blanc gſanon	Si aurois .ɪ. blāc gōſanon
Qui ſera lons treſqualarcon	tot large duc a uoſtre arcō
Chaules defer haub'c & hiaume	Chauces de fer . haub'c & elme
Naura meillor en ceſt roiaume	Nau⁹ millor en ceſt roielme
& v⁹ preſterai vne eſpee	Ge u⁹ p'ſterrai une eſpee
Qui fu en vn farq'u trouee	qı fu en .ɪ. ſarcou trouce.
trāchant & enciene & dure	tenāt & aceree & dure —
& ſe dex v⁹ done auenture	Se dex uos done auenture
Que puiſſiez ca uiſ reuenir	q' puiſſieſ ca viſ reueniʀ
Je panſerai de v⁹ guarir	le penſerai de uos gariʀ
& querrai ml't buene achoiſon	& q'rrai ml't bone occoiſon
De v⁹ ieter fors de p'ſon	de uoſ giter horſ de priſon
& ſe v⁹ morez el tornoi	& ſe uoſ mores el tornoj —
Donq's ſera tot ſet demoi	donc eſt il del tot fait de moi
h'manz mocirra deſeſpee	Armanſ mocira de ſeſpee
Ja ni aura raiſon ǥtee	la ni au⁹ raiſon ɣtee

S 7715—7730 S

15 Si aurez un blanc confanon   que vos poez zà revenir
et longes tros qu'a vostre arzon   ge penseral de vos garir 24
Cauces de fer, auberc, eaume   et querai molt bone acaison
18 N'aura melor en cest reaume   de vos ceter hors de preson
et vos prestarai une spée   et si vos morez en tornei 27
qui fu en un sarcon trovée   donc et il del tot faut de mei
21 tranzante et ancine et dure   Hermans m'oncira de sa spee
et se Dex vos done aventure   ja ni aurai raison contée. 30

P 7781—7762 **S**

penſeſ amiſ que ge faſ ml't | penſſez amiſ q' ge faz ml't
Q' ge me meſ ououſ del tout | Q'nt ge me met e uoſ du tot
 | 33 & demamort & demauie
 | partonopex m'lt len m'cie
Elle le trait dela iaiole | Atant la trait delageole
Ou face que ſage ou que ſole | 36 Ou face q' ſaige ou q' ſole
Leſ armeſ liapuiſ bailliez | leſarmeſ liatoſt baillieeſ
belleſ. & bien aparilliez | Beleſ & b'n apareilleeſ
Denuit le fait mener enmer | 39 Denulz le fait meſtre e laneſ
Maiſ il na paſ uent por ſigler | Maiſ il na paſ uot por ſigl̄
verſ chieſdoire al tornoiement | v'ſ chieſdoire autornoiem't
De ce ail g*nt marrement | 42 De ce a il grant m*rement
Maiſ ſil vuet au bouter ōtendre | Maiſ ſil uelt au mahaig ōtedre
Ml't preſ dela porra port p°ndre | Ml't p'ſ diluec porroit port p'ndre
De ce prien leſ marōnierz | 45 Il enp'e ſeſ marinerſ
& il dient que uolentierz | & il dient que volent'ſ
Deladame apriſ 9gi☉ | Deladame ap'ſ le 9gie
  & puiſ a derrer eſploitie | 48 & puiſ aderrer eſploitie
Al tier ior alaube creuee | Au tierz ior dedez laueſp'e
Eſt ſa nef auport ariuee | Eſt ſa nef au port arriuee
Qui eſt de chief doire aſſeſ prez | 51 Q' eſt dechief doire aſſez p'ſ
.x. liueſ in & ne mez | & .n. iſleſ ia rienſ meſ
1a] Delaneſ iſt ſieſt armez | Delaneſ iſt ſiſeſt armez
& ſor ſon blanc cheual montez | 54 & deſuſ ſo cheual motez
puiſ ſenuait la g*nt ambleure | puiſ e uait lagrat anbleure
9 ciſ qui de targier na cure | 9 hom q' na datarg' cure
Porq*nt ſi oire ml't penſiz | 57 porq'nt ſi oirre ml't penſſiſ
tant quil feſt enlaforeſt miz | tat q'l feſt e la foreſt miſ
Quil gnoiſt bie qui ſeue fu | Q'l tenoit b'n q' ſeue fu
Ou il amaint delit eu | 60 Ou il ot mait delit eu
Si gme il oire ſon chemin | Si g il oirre ſo chemin
 penſiſ & coiſ le chief enclin | penſiſ & q°ia le chief ēclin

---

S 7731—7746 **S**

Pensez, Amis, que je ſace molt | De nuit lo fait mettre en la mer 39
  | Mas n'a pas bon vent por cingler
que ge me met en vos de tot | A Ceſ doire al torniament
33 et de ma mort et de ma vie. | De ci a t-il grant mariment 42
Partonopex molt l'en mercie | Mais ſi volt a voguar entendre,
Ele la trait de la joiole | molt près diluec pora port prendre.
30 ſace que sage et que ſole |
les armes li a bon balées | De zo prie ſes mariners 45
et beles et ben apareilées | et il l'en crient volunters.

71

P 7731--7762 **B**

1) penfez amis q' le faz mot	penfef amif q' ie faz mot
Quat ie me met en uos del tot	q*nt ie me met en uos de tot
& demamort & demauie	33 & de ma mort & de ma vie
part'. mI't len m'cie	parthon'. mI't lenmercie —
& ele lo tret dela ieole	& fi la trait de la galole
Ou face q' fale ou que fole	36 O face ke fage o ke fole
Lef armes lia puis bailliees	Lef armes li a pulf baillies
beles & bien apareillices	beles & bien aparillies
Mais na paf buen uent por figler	39 de nuit le fait remetre en m'
Ne bien portat por droit aler	Maif na paf he uent por figler
A chief doire autornoiem't	A chiefdoire al tornoiem'l
De ce ail g*nt marrem't	42 de ca il mI't g*nt marrim't
Maif fil uielt abeltier entedre	Maif fi uuelt al bot' entedre
MI't pres diluec porra port p*ndre	MI't p'f diloc porra port p'ndre
De ce prie fef mariniers	45 de ce proie fef marroniers
& cil ll greent volantiers	& il lotroient uolentiers
Deladame prant fon ggie	De la dame p'nt fon ggie
& puif a derrer efploitie	48 & pulf a daler efploitie
par matin alaube creuee	par matin al albe creuee [226 b
En fanef auport ariuee	En fa nef al port arriuee
Qui eft de chief doire affez pref	51 Ki eft de chiefdoire affez p's
Dif liues ia & nient mef	.x. liwes ja & ne mes
Delanef ift fieft armez	In dela nef fi feft armes
& for fo blanc cheual motez	54 & for fon blanc cheual motes,
puis enuet lag*nt anbleure	pulf enuait fa g*nt ambleure
9 honf q' na detargier cure	9 om ki na datargier cure
porquat fioirre mI't penfis	57 por q*nt fi ert il mI't penfif
trefq'l fet en la foreft mis	duc il feft en la foreft mis
Quil conoift bien q' foe fu	q'l conoift bis ke foe fu
Ou il amI't delit eu	60 Ou il a maint delit eu
Sigil oirre fon chemin	Si'en il orre fo chemin
penfis & q°is lo chief enclin	pefif & coif le chief enclin

---

8 7747 -7762 **8**

De la Dame print lo congié	Poi en vait sa grant ambleüre
46 et poi a derer expleité	Com hon qui n'a d'atarzer cure:
per matin a l'aube crevée	Por quant si ere molt pensis; 57
est sa nef au port arivée	tros qil s'est en la forest mis,
51 qui est de Cef doire àssez près	qil conoist que soe fust
dix leues i a, et non mès.	Oil ot maint deslit — eu . 60
lst de la nef, si est armez	Si come ere son cemin
84 et sor son blanc cival montez	pensis, et queis, lo cef enclins

72

P 7763–7794 **G**

vnſ chl'rſ gᵃnſ & corſuz	63 l .ch'r. grāz & corſuz
A cheuiax bloiſ entrechanuz	Acheue⁹ bloiſ entre chenuz
Abarbe rouſe auiſ traiſtiz	Abarbe rouxe auiſ tᵃitiz
biax . & rouenſ & bien fourniz	66 Beax & ɡne⁹ & b'n forniz
vint le chemín verſ lui errant	lechemı uıɵt u'ſ lui errāt
Sor vn gᵉnt paleſroi amblant	Sor .ı. craſ paleſroi anblāt
Deuant lui viɵnent .v. meſchin	69 Deuāt lui uſenōt .v. meſchı
Chaſcunſ ſeoit ſor vn roncín	Dōc chaſɡ eſt ſor beau roncin
& portent .v. lanceſ leueez	& portɵt .v. lanceſ letreeſ
Deſinople biɵ paintɯreez	72 Deſreſ ſinopleſ coloreeſ
A u'max ɡſanonſ nouiax	Enmi ax ɡſenōſ nouea⁹
De cendal dandre bonſ & biax	De cɵdal da dre bonſ & beax
Apreſ lui vont .v. eſcuier	75 Ap'ſ lui uont .v. eſculer
Chaſcunſ deuſ maine vn biau deſt'r	Donc chaſɡ meine bon deſtᵗer
& portent .v. vermax eſcuz	& portōt v. u'me⁹ eſcuz
ſorſ . & nouiax . aſ colſ pendez	78 forz & noueax aucox pēduz
& cheuax au'melleſ ſellez	Eſcheuax au'meilleſ ſeleſ
Qui bien ſont taillieſ & bellez	Qᵘ b'n taillieeſ ſōt & beleſ
Cou'teſ de u'meil ſamiz	81 Cou'teſ de u'meil ſamīt
& il ſont couert dun damiz	& il reſont cou't damīt
Tout enſi vient li chl'rz	Tot aīnſi uīɵt li ch'rſ
oſeſ armeſ . oſeſ deſt'rz	84 Oſeſ armeſ oſeſ deſtᵗerſ
Si a.par'. veu	Si apartonopeu ueu
Maiſ ne la mie ɡneu	Maiſ ne lamie ɡneu
Seſ .v. valleſ amíſ arierre	87 Seſ .v. uallez amiſ arriere
Seſ areſtut enla charriere	& ſareſtut ō lacharriere
Ml't leſgarde ententiuement	Ml't leſgarde entɵtíuem't
Sel ſalue ml't bōnemont	90 Sil ſalue ml't bonem'l
Apreſ le ſalut liadit	Enp'ſ le ſalu ladit
Amiſ entendeſ vn petit	Sire ſoffrez uoſ .ı. petit
Si me diteſ dont vouſ uenez	93 Simediteſ dōc uoſ uenez
Qui vouſ eſteſ . & ou alez	Qᵘ uoſ eſteſ & ou alez

---

8 7763–7778 **8**

63 Vn civalers grand et corsutz   et portent V lances levees
    a cevoux blois antra canuz   de frès sinoples corréées   72
    a barbe rosse, a vis traitiz   a vermels confanons novels
66 beus et rouanz et ben forniz   de cendal tendre bons et bels
    vint lo cemin vers lui corant   Davant li vont V Escuer   75
    sor un grant Palefrei ferant   dont chacuns meine un bej
69 devant li venent V. mescfin   destrer
816]   dont cascun seit en bel ron-   et portent V vermeus escuz
                 cin   fortz et noveux, ez cols penduz 78

P	7763—7794	B
vnſ cheual'ſ g•nz & corſuz	63	.l. cheualiers groſ & cors'
A cheueuſ blois entrechenuz		A cheuolz bloiz entrechenus
A barbe roſe & viſ traitiz		A barbe roſe a vis traitis
Biauſ & roueuz & bien forniz	66	bials & ligiers & biē fornis
vient lo chemin v'ſ lui errat		vient le chemi u'ſ lui errat
Sor vn graſ palefroi enblant		Sor un craſ palefroi ſrant
Deuat lui uienēt cil miſchim	69	deuat li vienent .v. meſq'n
Dont chaſcū ſiet enbiau roncin		don chaſcuſ ſiet ſor bel ronci
& portāt .v. lances leuces		& portāt .v. lances leuces
Deſreſ ſinople colorees	72	de froit ſinople encolorees
Auermeuz gſanōs nouiauſ		A u'melz gonſanōs nouelz
De cendel dinde buens & biaus		de cendal dandre bōs & helz
Ap'ſ lui uont .v. eſcuier	75	Ap's lui uot .v. eſcuieR
Dont chaſcūs meine vn buen deſtr'		dont chaſcuſ maine .l. bel deſt'er
& portōt ceint u'mieuz eſcuz		& portent .v. v'mels eſcus
forſ & nouiax aclos penduz	78	forſ & nouels aſ colz pend'
& cheuax au'rmeilles ſeles		Eſ cheuals a u'rmeilles ſeiles
Qui bien tailliees ſ't & beles		Ki bien taillieſ ſut & beiles
Cou'tes de u'moil ſamit	81	Cou'teſ de u'moil ſamīt
& il font cou't da damit		ⓞl ſunt cou't de damit
tot iſſi uient licheual'ſ		tot iſſi vient li cheualiers
O ſeſ armes oſeſ deſtrierſ	84	Od ſeſ armes od ſes deſtriers
Siapartenopeu veu		Si a partho'. veu
Mais ne la mie coneu		Maiſ ne la mie conev
Seſ .v. valez amis ariere	87	Seſ cinc ualles amis arriere
Siſ areſtut enla charriere		Si ſareſta en la chariere
Ml't leſguarde entōliuem't		Ml't leſgarde entōliuemēt
Sel ſalue ml't buenem't	90	Sil ſalue ml't bonement
Ap'ſ lo ſalut ſilidit		Ap'ſ le ſalu ſi li dit
Sire or meſcoutez vn petit		Sire or me ſoffres .l. petit
Simedites dōt v' venez	93	Si me dites dont u' uenes
& qui eſtes & ou alez		& ki eſtes & ou ales

S	7779—7794	S
et cevals a vermeles selles		Ses V. Vaslet a mis a reire	87
qui ben talées ſunt et belles		si sa restuit en la charère	
81 Cuvertes d'un molt bel samis		Molt l'esgarde ententivement	
et cil sunt covert de damis.		si lo salue bonement.	90
Tot ensi vient li civalers		après lo salut li a dit.	
84 ot ses armes, ot ses destrers		Sire, or soffrez un petit:	
Si a Partonopex veū		Si me dites und vos venez	93 [317
mais ne la mie coneū		et qui estes, et o ales	

74

P 7795—7824 G

& puiſ . vr'e non fil vouſ pleſt	& puiſ uoſtre nō fil uoſ pleſt
par'. vn poi ſe teſt	96 partonopex .ı. poi ſe teſt
Car paſ ne li voldroit mentir	Qᵃr ne ſe uorroit deſcourir
Ne alui mie deſcourir	Ne paſ ne liuorroit mētir
1 b] porqᵉnt ſi ment on au beſoing	99 por qᵒi fiuſent ɞ abeſoig
Sire fait il ml't ſui de loing	Sire tait il ml't ſui deloig
Maiſ de preſ ving de tenedon	Maiſ dep'ſ uleg detenedoın
Ou ml't ai eu pol mon bon	2 Ou pou ai eu demō bon
La porchacaſ tout ceſt gruj	la porchai hui ceſt agroi
por aler aler aceſt gᵉnt tornoj	pur al' a ceſt grāt tornoi
par'. mapelle lon	5 partonopex mapele lon
Or me rediteſ *vostre* non	Or me rediteſ uoſtre nō
Sire ce diſt li chl'rz	Sire ce dit li ch'rſ
ge le vouſ diraí volentierz	8 Gel uoſ dirai ml't uolant'ſ
Jai non fait ll gaudinz libloiz	Gai nō ſet il gaudinſ llbloiſ
Ml't ſai de riuiere & de boiz	Ml't ſai de riuiere & deboiſ
Ge ai ml't chl'rſ veuz	11 Siai ml't ch'rſ ueuz
& ml't ſui entreuſ gneuz	& ſi ſui ml't dax gneuz
Neiſ ſui deſpaigne de caſtelle	Ge ſui deſpaigne de caſtele
Ou on ne ſert dieu ne apelle	14 Ou len ne ſert dieu ne apele
fiex ſui dun Riche empereor	filz ſui dun riche uauaſſor
Maiſ ne creoit el criator	Maiſ ne croit paſ el creator
Qᵃnt ge ſui nouiax adoubez	17 Q'nt ge ſui noueaᵉ adoubez
bien auoie .xx. anſ paſſez	B'n aore xııı. anz paſſez
Enfrance alai ſaudeeſ q'rre	Enfrāce alai ſoldeeſ q'rre
Car acel tenſ iauoit g'rre	20 Qᵃr acel tenſ iauoit g're
A torſ ou mouſtier .S. martın	Atorſ el moſt' ſeint m'rtin
g'pi mahon & apolin	Gverpi mahō & apolin
& meſcrei la ſole loj	23 & meſcrei laſole loi
& priſ lacreſtiene foj	& p'ſ la creſtiene foi

S 7795—7814 S

Et poi vostre nom, si vos pleist.	Or me redites vostre nom.
96 Parthonopex un poi se taist.	Sire, ce dist li cevalers,
Car ne se vouldrait descovrir	Je vos dirai molt volunters; 8
Ne pas ne li voldreit mentir	J'ai nom, fait il, Gaudin li
99 Per quant si ment om aubesoin.	Blois
Sire, fait il, molt sui de loin	poi ai de riveire et de bois
Ci de près veng de Tenedon	Si ai molt chevalers veuz 11
2 ou molt ai po eu mon bon	et molt suis entre eux coneuz
La percazai gie cist agrei	Nez sui de Spagne, et de
per estre a cel grant tornei	Castelle
5 Parthonopex m'apelon	o lom ne sert Dex ne n'apelle 14

P 7795 - 7824   B

```
& puis vostre non se v' plest        & puiſ uoſtre nō ſi uos plaiſt
partenopex vn pou ſe teſt         96 partho .i. pou ſe taiſt
Que ne ſe vielt droit defcourir      q' ne ſe uoldroit defcourír
Ne pas ne li voudroit mōtir          Ne paſ ne li uoldroit m'tir
porquat ſi mēt on a beſoig        99 por qᵃnt ſi mēt om abeſoig
Sire ſait il ml't ſui deloig         Sire ſait il ml't ſui deloig
Mais de p'ſ viōg detenedon           Maiſ de p's uiēg de tenedon
Ou ml't ai po eu mō bon            2 O ml't pou ai eu mō bon
Laporchecai ie ceſt agroi            La porchacai ie ceſt argroi
por al' a cel gᵃnt tornoi            por al' a ceſt gᵃnt tornoj
part' mapele len                   5 parthonopeu mapeile lon      [226 c
Or me redites vostre non             Or me redites uoſtre non
Sire cedit li ch'rſ                  Sire ce diſt li cheualiers
 Jel v⁹ dirai ml't volatiers       8 J el uoſ dirai ml't uoletiers
Jai nō ſait il gaudins liblois       J u ai a nom Gaudis li bloiſ
Ml't ſai deriuiere & debois          prou ſai de riuiere & de boiz
Siai ml't ch'rſ creuz             11 Si ai ml't cheual's veus
& ml't ſui entᵒuſ coneuz             & ml't ſui entrels coneus
Nez ſui defpaigne de caſtele         Nez ſui defpaigne de caſtelc
O on ne ſert deu ne apele         14 O lon ne ſert de non apeile
fiz ſui dō riche vauaſor             Fiz ſui dun riche uauaſor
Maiſ il ne croit el criator          Maiſ ne croit pas le creator
Quāt ie ſui nouiax adobez         17 qᵃnt ie ſui nouel adobez
bien a ore trente anz puſſez         bien a ore .xxx. ans paſſes
Enfrāce alai ſodees querre           En france alai ſodees q'rre
Car acel tens iauoit guerre       20 Car a cel tens j auoit g're
A tors an moſt' ſaint martin         A tors al moſtier ſaint marti
Guerpi mahō & apolin                 Guerpi mahon & appollin
& meſcrei laſole loi              23 & meſcrei la ſole loi —
& p'ſ lacreſtiene ſoi                & p'⁵ la creſtiene ſoj —
```

A*)   7815 - 7824   S

```
Fils sui d'un rice vavasor,          Fils suis d'un rice vavassor
Mais ne créoit el Creator.           Mais ne creit pas el creator
Quant je fui noveaus adoubés      17 quant je ſui noveux adobez   [318
Bien a ore trente ans pasés,         Ben a ore xxx ans passez
En France alai soldées querre;       En france alai soldes quere
Car à cel tans i avoit guerre.    20 Car àcel temps i aveit guerre
A Tors, cel mostier S. Martin,       Ancors a un moster Saint Martin
Guerpi Mahom et Apolin,              Gurpi Mahom et Apolin
Et mescréi la ſole loi,           23 et ſi mes ſui la ſole lei
Et pris le crestiene ſoi:            et pris la christiana ſei
```

*) Vergl. die Bemerkung auf S. 65.

F 7825–7852	G
Deſ lorſ me heent mi parent	Deſ donc me heent mi parēt
Ne puiſ noi dauſ veoir talent	26 Deſ donc noi dax ueoir talēt
Deſ lorſ ai veſcut de ſaudecz	Deſdonc ai ueſcu de ſoldeeſ
Seſ ai ſouent chier ꝯpareez	Seſ ai puiſ ml't ch' ꝯpareeſ
Or voiſ al tornoi gaangnier	29 Or uoiſ au tornoi gaaign'
poureſ hon ſui nai del meſtier	poureſ hom ſui nai del meſt'
por ce vouſ eſgart volentierz	por ce uoſ eſgart uolent'ſ
Q' ml't eſteſ biax chl'rz	32 Q' ml't eſteſ beax ch'rſ
Bien ſembleſ home . ace q' uoj	B'n ſanblez home a ce q' uoi
Qui bien doie ſaire el tornoj	Qʲ b'n doie ſaire autornoſ
Maiſ ne ſai ſaueſ acointance	35 Maiſ ne ſai ſauez acointāce
En ceſt paiſ neꝯnoiſſance	Enceſt paiſ ne ꝯnoiſſace
Q' iai vn hoſtel preſ dela	& iai .ɪ. hoſtel pʳſ dela
Ou li tornoiſ ꝯmencera	38 Ou litornoiz demaɪ ſerᴀ
La vouſ pri domoi h'b'gier	lauoſ pri demoi h'berg'
Simen auroiſ achl'r.	Si me aurez ach'r
voſtre quite tout ligement	41 voſtre q'te tot ligem't
A treſtout le tornoiement	Atreſtot ceſt tornoiem't
Sire ſait il voſtre merci	Sire ſait il uoſtre m'ci
buer vouſ encontraſſe ge ci	44 Buer uoſ enꝯtraſſe ge ci
1c] Girai ououſ ml't uolentierz	Girai o uoſ ml't uolant'ſ
& ſerai voſtreſ chl'rz	& ſerai uoſtre ch'rſ
Porquoi vouſ enſoieſ amoj	47 porqºi atediez amoi
& vouſ maidieſ en loial ſoj	& me diez e loial foi
O uouſ irai ou uouſ voldroiz	O uoſ irez ou uoſ uorrez
& ſi ꝯouſ ꝯmanderoiz	50 Einſi ꝯ uoſ ꝯmenderez
Aitant ſeſont aſſemble	Atant ſenſont enſable ale
ml't uolentierſ . & debon gre	Ml't de bon cuer & de bon gre

A 7825–7838	S
Tresdont me héent mi parent,	des dont n'oi d'els veer talent
N'ainc puis n'euc d'als véir talent;	26 Des dunt me hirunt mi parent
Tresdont ai vescu de soldée,	Des pois hai vescu de soldé
Si l'ai sovent cier comperée.	Si l'ai sovent car comparé
Or vois al tornoi gnaignier:	29 Or vois au tornei gaegner
Povres hom sui, n'ai del mestier;	Poures om sui mi fait mester
Por ço vos esgarc volentiers,	Porce vos esgardai volunters
Que moult estes beaus cevaliers,	32 qe mult estes bel chevalers
Moult samblés home, à ço que voi	ben scemblez om a ce que vei
Qu'il doie bien faire el tornoi;	qui doit bien faire au Tornei.
Mais ne sai s'avés acointance	35 Mas ne sai s'avez acointance
En cest païs, ne connissance.	en cest pais ou cognosance
Jo ai un hostel près de là	Que jai un ostel pres de là
U li tornois demain sera,	38 o li tornois demain sera

P	7825—7852	B

Deſ dont me heent mi parēt
Deſdont noi dauſ veoir talent*)
Deſ dont ai ueſcu deſodee
Silai ſouēt ch' gparee
Or uois autornoi guaaignier
poures hom ſui nai del meſt'
b] por ce vᵕ eſguart volantiers
Que ml't eſteſ biax ch'rſ
bien sanblez hom ace q' voi
Qui doie bien ſere entornoi
Maiſ ne ſai ſauez acointāce
En ceſt pais ne conoiſſance
Car iai vn oſtel p¹s dela
Ou litornoiz demein ſera
La vᵛ pric de moi herb'gier
Simen auroiz acheual'
voſtre cuite tot lſtem't
A treſtot ceſt tornoiem't
Sire ſait il voſtre m'ci
 buer vᵛ engtraſſe ie ci
Girai ouous ml't volantiers
& ferai voſtre ch'rſ
por quoi vᵛ entendoiz amoi
& q' maidiez enleial ſoi
Ouous iroi ouous uēdroiz
& ſi g vous comanderoiz
Atat ſenſ't enſanble ale
Ml't debuen cuer & debuē gre

*) 26 nach 30 nachgetragen.

def dont me heent mi parēt
26 def dōt nou del veir talent
def dōt ai ueſcu de ſoldee
Si lai ſouēt chier gparee
29 Or uoiſ al tornoi gaaignier
poures hō sui nai del meſt'
p° ce uoſ eſgart uolentiers
32 q*r ml't eſtes bel cheualiers
bjē ſēbles home a ce ke uoi
qᶦ deuroit biē faire en tornoi
35 Maiſ ne ſai ſaues acointance
En ceſt paiſ . ne conoiſſance
I u ai .ı. oſtel pres dela
38 O li tornoiſ demain ſera
Je uos pᶦ de moi h'bergier
Si men auroiſ a cheualier
41 voſtre qᵗᶜ tot ligemōt
A treſtot ceſt tornoiem't
Sire ſait il uoſtre m'ci
44 buer uos engtraſſe ie ci.
Girai od uos ml't uolētiers
Et ſerai uoſtres cheualiers
47 por coi vos entendes amoi
& maidiſſies en loial ſoj
O uoſ irai la ou vorrois
50 & ſi con vos cōmanderois
Atat ſō ſut enſēble ale ,
ml't de bon cuer & de bon gre

A	7839—7852	S

Là vos pri do moi herbergier,
Si m'en aurés a cevalier,
Voſtre cuite tot ligement,
A treſtot cest tornoiement.
— Sire, ſait cil, voſtre merci;
Buer vos encontraiſse-jo hui.
G'irai od vos ml't volentiers,
Et ſerai vostre cevaliers:
Pruec que vos atendés à moi,
Et m'i aidiés en loial ſoi.
Od vos irai ù vos volrés,
Et si con vos conmanderés.»
Atant en ſont enſaimble alé,
Moult de buen cuer et de bon gré.

La vos pri ot mei herberger
Si men aurez a chevalers   [319
41 vostre que tot lichement
a trestor cest turniament.
Sire, ſait il, voſtre merci
44 ben vos ei encontrai ieci
Ge irai o vos molt volunters
et serai vostre chevalers
47 per quei vos entendez de mei
et m'arez vos en lial fei
Ot vos irai o vos voldrez
50 et si com vos comanderez
a tant s'en sunt enscemble allez
molt de bon cuer et de bon grez

F 7853—7880 **G**

Lor hoſteſ eſt el ual ſerí	53 lor oſteˢ ert baſ aſlori
En vn boiſ v'doiant flori	En .ɪ. ual u't h'beˢ flori
Il nont paſ hoſtel en maiſon	Il nōt paſ oſtel ne maiſō
Maiſ dedenſ vn bel pauillon	56 Aínz lont en .ɪ. beau paueillō
Alor meſtier ont logeſ bellez	& alor oeſ ont logeſ beleſ
& aſ cheuax touteſ nouellez	& aſ cheuax toteſ noueleſ
& trueuent valleſ & ſerianz	59 & trueuōt uallez & ſganz
touſ preſ de faire lo gmanz	toz p'z aſaire lor taloz
Doſtel ſont aaiſiement	Oſtel ont aeſieem't
& nı'l't preſ del tornoiement	62 Aſſez p'ſ du tornoiem't
Par matinet oel audſ	par matinet oel audi
ſe ſont leue en vn lundi	Se ſont leuez aun lundi
Meſſe oient dela triníte	65 Meſſe oent & ſont arme
puiſ ſont v'ſ letornoí ale	& ſont u'ſ le tornoi ale
touſ leſ ualleſ auant enuoient	toz lor uallez auāt enuoiōt
Quau nueſ marchie ⁊ cotrelz ſoient	68 Qᵘu nueſ m'chie engtreˢ ſoiōt
Por q'rre lor cheuax & lancez	por q'rre lor cheuax & lanceſ
& for gageſ . & ſor ſiancez	& lor gaigeſ & lor fianceſ
Li dui cheualchent feulement	71 li dui cheuauchōt ſeulem't
parlant entrelz ml't coiement	parlant entrax ml't qᵒiem't
por celz deſorſ tornoieront	Q̓' cil deſorſ tornoierōt
Encōtre celz qui dedenſ ſunt	74 Engtre cax q' dedōz ſont
Deuant chief doire auchief dou pont	Deuant chieſdoire auchief du pōt
Aſ eſtreſ delator amont	Aſeſtreſ delator amont
Eſt melior amont aſſiſe	77 Ceſt melior la bele aſſiſe
Q' touſ limondeſ ainme & priſe	Q' toz li ſiecleſ aime & p'ſe
O li uracle . & perſeyz	Olui uraq' & perſeiſ
Qui paileſ ont & tainſ leſ uiz	80 Qᵘ paleſ ont & taínz leſ ulſ

A 7853—7866 **B**

Lor osteus siet bas asieri,	53 Lol ostel set bas et seri
En un bos erbos et ſlori.	en un Val vert herbeus flori
43 b] Il n'ont pas hostel en maison,	Ils nont pas ostel en maison
Ains l'ont en un bel pavellon;	56 ainz lont en un bel pavelon
A lor mestier ont loges beles,	a lor mester ont leses beles
Et as cevals totes noveles,	et as civals totes novelles
Et truevent vallés et serjans	59 et trovent Vaslet et Serzanz
Tos près de faire lor commans.	tot près de faire lor comanz
Ostelé sont aisiément,	ostellé sunt aisement
Et moult près del torniement.	62 et bien près del torniament
Par matinet, à un lundi,	Per matinet a un Lonsdi
Se sont levé à l'esclarci ;	Se sunt levé o el le dit
Messe ont oïe et sont armé,	65 Misse ont oie, o sunt armez
S'en sont vers le tornoi alé.	Si sunt vers li Tornei alez

79

| P | 7853--7880 | B |

```
Lor oſtel ſiet baſ aſeri        53 Lor oſtelz ſiet bas a ſerj
 En vn val uert erboſ flori        En .i. val uert h'boz flori
Il nont paſ oſtel enmaiſon         Il not pas oſtel en maiſon
Ainz lont en vn buen paueillon 56 Ainſ lot en .i. bel pauillon
Alor meſt'ſ ont loies beles        A lor melliers ont loges beles
& aſ cheuauſ totes noueles         & aſ cheuals totes nouciles
& truent vaſlez & ſerianz       59 & trueuel ualles & ſeruas
toz preſ deſere lor ɲmanz          toſ p's de ſaire lor ɡmas
Oſtele ſ't aiſiem't                O stele ſunt aſiement         226d]
& bien preſ del tornoiem't      62 Et bien p's del tornoiement
Par matinet aun lodi               par matinet a .i. lundi
 Seſont leue oel audi           Si ſot leue oel al di
Meſſe ont oi ſiſt' arme         65 Meſſe ont oie & ſ't arme
& ſont v'ſ lotornoi ale            Si ſot uers le tornoi ale
toz lor vaſlez auat enuoient       tos lor ualles auant enuoient
Quau nueſ m·rchie ɛɡt·uſ ſoiɐt  68 q·l nueſ marchie enɡtrel ſoient
por q'rre leur cheuax & lances     por q're lor cheuals & lances
& ſeur ɡnaies & ſeur fiances       & ſor gaiges & ſor fiances
Il dui cheuauchɐt ſeulem't      71 I dui cheuaucent ſeulement
parlent entɐuſ ml't coiem't        parlant entrels ml't coiem't
Quo celſ deſors tornoierot         q° ceals deſors tornoieront
ɡtre celſ q' dedɐz ſeront       74 & ɡtre cels ki dedenſ ſunt
Deuat chief doire auchief del pot  DEuat chefdoire al chef del pot
 Aſ eſtreſ delator amont        As creteals de la tor amɐt
Eſt melior labele aſſiſe        77 Eſt melior la bele aſſiſe
Que li ſiecles eime & priſe        Cuj toz li ſiecles aime & p'ſe
O li vracle & parſewis             Od li vraq' & perſowis
Qui paleſ ont & teinz leſ uis   80 q' pales ont & tains les vis
```

| A | 7853--7866 | S |

```
Tos lor vallés avant envoient,      Tos lor vaslet avant envient
Qu'al nueſ marciet encontre els 68 Qel nof merché encontre ols
           soient,                              seient
Por querre lor cevals et lances    Por querre lor cival et lances
Et sor gages et sor fiances.       et sor gaies et sor fiances
Il dui cevaucent seulement,     71 Li dui civaucent solement
Parlant entr'eus tot coiement,     Parlant et dient queiement
Qu'o cels defors tornoieront       Qot ceus de fors torneieront
Encontre cels qui dedens sont. 74 encontre ceux qi dedenz sunt.
Devant Chief-d'Oire, al cief del   Devant Cef d'Oire, et cef del
           pont,                              pont
As estres de la tor amont          as estres de la Tor a mont
Est Mélior la bele assise.      77 Est Melior labelle assise
Cui tos li siecles aime et prise;  qe toz lo sigle ame et prise.
Od li Urrake et Persewis,          Ot lei Uraque et Persovis
Qui pales ont et tains les vis: 80 Qui pasles unt tresteis lo vis
```

P 7881–7906 G

```
           P            7881–7906            G
       tant ont .part'. plore           tant ont partonopex plore
       Ml't ont perdu delor biaute      Ml't ont perdu delor beaute
       O melior funt li vii. Roj     83 O melior font li .vii. roi
         qui doient iugier le tornoj     Q' doiuent iug' le tornoi
       Corſauz. gernanz. clarinſ. gunorz. Corſolbl' genalſ clarin° genox
       Corſabre. anſorz. aſ gonſ treſorz 86 Corſable auforſ af grat treſorſ
       & gondedef li uielz artorz      & gondredoſ liuielz artox
       Ce que il diront a eſtrouz      Ce q'l dirot tot a eſtrox
       Cil voient venir chlrz       89 Cil uoient uenir ch'rſ
       par cenſ par .ii. cenſ par millierz par .c. par .ii. c. par mill'ſ
  1 d] & de par treſtout aſſembler      & de par treſtot aſſanbl'
                          arether
       & font .ii. ganſ renſ (aſſembler) 92 & en .ii. graz renſ deuiſer
       Gaudinſ aml't bien gncu          Gaudinſ aml't b'n porueu
       Q' il feront por voir veu        Q'l feront anuenir ueu
       por ce ſe vuet ſi gtenir      95 por ce ſe uelt ſi gtenir
       Q' on leſ voie bel venir         Q' len le uoie beau uenir
       portant ſi ſe melent il duſ      por tat ſi ſe metot anduſ
       Alamonter dun petit puí       98 Alamont' dun petit puí
       Par ſon gſeil & par ſon loz      par ſon gſeil & par ſo loſ
       Lanceſ leueez leſ galoz          lanceſ leueeſ cſgaloſ
       L i Roiſ corsauz parla p'mierz 1 liroiſ corforz leſ uoit p'mierſ

       Ge uoi fait il .ii. chl'rz       Ge uoi fait il .ii. ch'rſ

       Miex venir que ceſte autre got 3 venir mielz q' cel autre got
       & pluſ encoragiement             & plº encoragieem't
       Ml't ſeportent lor cheual bel    Ml't leſ portent cil cheual bel
       Ml't perent deliure & iſnel    6 Ml't perent cil cheual iſnel           [15
```

```
              A              7881–7894             S
       Tant ont Partonopeus ploré,      tant ont Partonopex pluré
       Moult ont perdu de lor beauté.   Molt unt perdu delor beuté.
       Od Mélior sont li sept roi    83 Ot Melior sunt li vii Rei
       Qui doivent jugier le tornoi,    qui devent juger li Tornei.
       Corsols, Gernars, Clarins, Genors, Corsus, Gernans, Clarins, Grenors [3
       Corsabre, Ansors as grans tresors, 86 Corsable, Aufors, aus grans tresors
       El Gondres li viols lairos;      et Gondreles li veux artos
       Cil qui diront iert à estros.    Ce qil diront ert a estros.
       Cil voient venir cevaliers    89 Cil veient venir Civalers
       Par cens, par deux cens, par milliers, Par C. par ii C. par milers
       Et de par trestot assambler,     et de trestot part ascembler
       Et en deux grans rens arester. 92 Et endos grant rencs arester
       Gaudins a moult bien porvéu      Gaudins a molt ben porveu
       Qu'il seront al venir véu;       qil serunt au venir veu
```

P 7881—7906	B
tant ont part' plore	tant ont parth'o plore
Ml't ont perdu delor biaute	Ml't ont perdu de lor belle
O melior f't li fet roi	83 Od melior fut li .vij. roi
Qui doiuent iug' lotornoi	Ki dofuēt fugier le tornoi
Corſouz.Gernauz.clarinſ.Ge(r)norſ	Corſolz . ernalz . clarins h'nous
Corſabre . Anſurs aſ gᵉnz treſors	86 Si eſt corſabreſ & anſous
& grondedes . li uiauz artos	& Gondredes li velz artouz
Ce q'l diront iert a eſtros	Ce qı̑l diront iert a eſtrouz
Cil voient uenir cheual'ſ	89 Cil uoient uenir cheu..'s
par cenz par .ıl. cenz. par mill's	par .c. par .cc. par milliers
& depar treſtot aſſambler	& departreſtot aſſembleʀ
& adoſ gᵉnz renſ arefter	92 & en douſ gᵉns renſ arreſteʀ
Gaudins aml't bien porueu	Gaudinſ a ml't bien porueu
Quil ferot auuenir veu	qı̑l feront al uenir vev
por ce ſen uielt ſi gtenir	95 por ce ſe uuelt ſi conteniʀ
g leſ voie bien auuenir	g les j uoie bel veniʀ
par tant fiſe metēt andui	par tant ſi ſe metēt anduj
Alamot' du petit pui	98 Al amōtat dun petit puj
par ſon gſoil & par ſon los	par ſon gſeil & par ſon loz
Lances leuees leſ gualos	Lances leuees les galoz
Lirois corſouz leſ voit uenir	1 Li roiſ corſalz les uoit p'miers
toz ap'ſtez gdeſerir	
Je uoi fet il doſ cheual'ſ	2 Je uoi fait il .ıj. cheual's
Ml't bien armez ſor lor deſtr'ſ	
venir mielz q' ceſte autre ient	3 Melz uenir ke ceſt altre gent
& pluſ acoragieem't	& plus acorageement
Ml't feportēt cil cheual bel	Ml't ſe portēt cil cheual bel
Ml't perēt deliure & iſnel	6 Ml't perent deliure & iſnel

A 7895—7906	S
Por ço se violt si contenir	95 Porce se vot si contenir
C'on les i voie bel venir.	qe on les veie ben venir
Por tant se metent ambedui	Per tant si se metent andui
A la monter d'un petit pui,	98 au mont dun pettit pui
Par son consel et par son los,	per son conſel, et per son los
Lances levées ès galos.	lance levee, et en galops.
Li rois Corsols les vit premiers:	1 Li reis Corsis les veit primers.
-Je voi, fait-il, deux cevaliers	Je vei, fait il, dos civalers
Venir miols que ceste autre gent,	Venir meix que nul autre gent
Et plus acoragiément.	4 et plus encoragiéement
Moult se portent cil ceval bel,	Molt se portent cil cival bel
Moult perent delivre et isnel,	molt pareit delivre et isnel

P   7907—7932   G

```
& cil femblent bon ch'lr           7 & fifanblent bon ch'r
& darmef deliure & manier            Darmef engignoz & manier
Or prenonf garde quil feront         Or p'non garde q' il font
puif demanderonf qui il font      10 & de q'l paif parti font
Atant ont laiffiet le parler         Atant alaiffie leparl'
  fef efgardent il & fi per          Siefgardōt il & fi per
Il iuienent affef atenz           13 Il iufenōt affez atenf
Car encor trueuent clerf lef rōz     Q'ncor itrueuōt cl'f lef rēf
Chacent & fuient fanf ioufter        Chacent & fuiōt faz ioft'
Cil dehorf nont poir darefter     16 Engrāt auuoite dareft'
Car cil dedenf f't pluf affez        Q·r cil dedōz fōt pl⁹ affez
Q' ne font cil deu'f lef prez        Q' ne font cil deu'f lef prez
Sifentrecontrent ml't forment     19 Sifentredonōt ml't form't
Encel nouel tornoiement              Encel tendre gm'cement
Vnpoindre firent cil dedenz          A .ı. poindre q' cil dedenz
Sor celz deforf par gānt gtenz    22 Ce⁹ dehorf chacōt a gtenz
Chacent lef & font vuidier place
Cui que il puifl . ne cuf q' place
Gaudinf libloif lef uoit venir       Gaudinf libloif lef uoit uen'
  or lef alonf fait il ferir           Or lef alonf fait il ferir
par'. ml't bien lencroit          25 partonopex ml't lecroit
parmi lef lor fempaffōt droit        parmi lef lor fō paffe adroit
Qānque cheual pueent aler            Qªnq' cheual pueōt al'
Enfierent .ıı. alencontrer        28 Senfierent .ii. alengtrer
Gaudinf afi lefien feru              Gaudinf afi le fien feru
Quil la dou cheual abatu             Q'l a au cheual abatu
& .par'. le fien fi               31 & partonopex le fuen fi
Q' dou bon cheual libati             Qª tot le cheual labati
```

A   7907—7920   S

```
Et cil samblent bien cevalier      7 Ascemblent molt ben civalers
D'armes engignos et manier.          d'armes engignos et maners
Or prendés garde qu'il feront,       Enpernons garde qil ferunt
Puis demanderons qui il sont.»    10 poi demanderons qi il sunt.
Atant ont laissié le parler:         A tant hunt laissé lo parler
Si 's esgardent il et si per.        Sil les esgardent il, esi peir.
Cil i vienent assés à tens;       13 Cils i venent asez a tefns
Car encor truèvent clers les rens,   Q'encore trovent clers les rancs
Chaçans et fuians sains joster,      Cacent et fuient sens joster
En grant estude d'arester;        16 en grant aseir d arester:
Car cil dedens sont plus d'asés,     car cil dedens sunt plus asez
Que ne sont cil devers les prés.     qe ne sunt cil de vers lo prez
Si s'entredoutent moult forment   19 Sis aura doptent molt ferment
A cel premier conmencement:          et cel teindre comenzament
```

P	7907—7932	B
& cil perōt buen cheual'ſ		7 & cil ſenblōt bien cheual'r
Darmes engignoſ & man'		darmes engignoz & manier
Or p'nons guarde q'l feront		Or pernōs garde q'l feront
& puiſ demadon q' ilſont		10 puiſ demanderōs ke il ſnt
Atat alaiſſie loparl'		Atat a laiſſie le parler
Seſ eſguardōt il & ſiper		Sı eſgardent il & ſi per
Cil ſuienent aſſez atenſ		13 Cil j uienōt aſſez atens
Concores trueuōt clerſ leſ rens		q'ucore trueuōt clers les rens
Chacanz & ſuianz ſanz ioſt'		chacat & ſuiant ſens ioſter
Eng°nt arueire dareſter		16 En g°nt auroient dareſter
Que cil dedenz ſ't pl° aſſez		Car cil dedenſ ſnt pluſ daſſez
Que ne ſ't cil deu'ſ leſ prez		Ke ne ſnt cil deu'ſ les prez
Siſentredotōt ml't form't		19 Si ſentredotōt ml't form't
Encel tendre gmencem't		En cel tenre gm'cement
A un poindre q' cil dedenz		A vn poindre q' cil dedens
Celſ deſorſ chacent agtenz		22 Cels dehors chacōt a gtens

Gaudins liblois leſ uoit uenir		Gaudinſ li blois les uoit uenir
Or leſ alonſ ſet il ferir		Or les alons fait il ferir
Partenopex ml't b'n lencroit		25 parth'o. ml't bien lencroit
parmi leſ lor ſen paſſōt droit		parmi les lor ſenpaſſent droit
Quanq' cheuax pueent aler		q°q' cheual puent aleʀ
Senſlerōt doſ alengtrer		28 Sen ferent .ıı. al encontrer
Gaudins a ſi lo ſuen ſeru		Gaudinſ a ſi le ſien ſeru
Quil la del cheual abatu		q' del cheual la abatu —
& part' lo ſuen ſi		31 & parth'o. le ſien ſi —
Quotot lo cheual labati		q° tot le cheual labatj

A	7921—7932	S
Un poindre fissent cil dedens,		A un pondre que cil dedenz
Cels defors chacent à contens.		22 Ceux de forz caicent acontenz
Gaudins li Blois les vit venir:		Gaudins les Blois les veit venir
«Or les alons, fait il, ferir.»		Or les allons, fait il, ferir
Partonopeus moult bien l'en croit:		25 Partenopex molt ben len creit
Parmi les lor s'en passent droit		per mi les lor s'empassent dreit
Quanque cevalpuent aler,		Quant que cival poent aler
Sen fierent deux al encontrer.		28 S'enfierent dos al'encontrer
Gaudins a si le sien feru		Gaudins a si lo sen feru
Que del ceval l'a abatu,		qil la del cival abatu:
Et Partonopeus le sien si		31 et Parthenopex lo sen si
Qu'atot le ceval l'abati.		quot tot lo cival l'abati

| P 7983—7960 S |

P	S
Salance afraite & iuſ getee	Salace afraite il la gſlee
Sen uait vn ſerir deleſpee	34 Ilenuait ⊥ ſe(i)rir deſpee
1e] par for leſcut enlelme cler	par ſon leſcu el heaume cl'
Q' dou cheual laſait verſer	Q' du cheual leſiſt tonb'
& troi deſ lor ront lui feru	37 & .iii. deſ lor leront feru
Ml't g°nt cop par mi ſoneſcu	Ml't durem't parmi leſcu
Maiſ nel remuent dou cheual	Nabatōt lui ne ſō cheual
Outre ſenpaſſent quil na mal	40 Outre ſē paſſe q'l namal
Gaudins libloiſ guēchiſt menoiz	Gaudinſ librnſ guēchiſt manoiſ
Dune lance ſiert lun deſtroiz	Deſalance fiert .ı. de .iii.
Si quil labat en ſon guēchir	43 Si q'l labat ō ſō guēchir
Qua terre fait lelme ſerir	Q⁎ t're en fiſt leaume ſerir
Por ce que cil lōt ſi biē fait	por ce q' cil lont ſib'n fait
Guenchiſſent cil deforz abait	46 Guenchiſſent cil deforſ ahait
Siſōt ſibiē acelle foiz	Sil ſont ſib'n acele foiz
Q' touſ areſte litornoiz	Q' toz ſarreſte litornoiz
Cle diſt corſauz ſē eſt la ſūme cil lont biē fait 9me preudōme	49 Ce dit corſolz ce eſt la ſome Cil dui lont fait 9me preudome
Ceſ ui venir ſi gentement	Ge ſui uenuz ſi bonem't
Q' ml't toſt 9nui lor talent	52 Q' ml't en 9nui lor talent
par foi la Roine Reſpont	par foi la roine reſpont
Bien veonſ celz q' biē leſont	Noſ ueonſ ce⁎ q¹ mielz le ſont
Maiſ cil acel eſcut dargent	55 Maiſ cil a cel eſcu dargent
Setient ml't aceſmeement	Se 9tient aireuſem't
Ml't cuit ſelle le 9neuſt	Ml't cuit q¹ b'n le 9neuſt
Q' ſeſ bienſ faireſ lipleuſt	58 Q' ſeſ b'nſ (b) faire lipleuſt
Litornoiſ eſt ml't airez	Litornoiz eſt b'n arreſtez
& bien ſeruſ. & bien meſlez	& b'n feruz & b'n meſlez

| A 7983—7946 S |

A	S
Sa lance a fraite et l'a jetée,	Sa lance a fraite et getée
S'en vait ſerir un de l'espée	34 S'en vait ſerir un de laſpée
43d] Par som l'escu en l'elme cler	per ſor leſcu en aume cler
Que del ceval le fait tomber,	que lo cival lo fait comber
Et trois des lor ont lui feru	37 et tres de lor ont lui feru
Ml't grans cols très parmi l'escu;	Molt grans cops tros permi leſcu
N'abatent lui ne son ceval,	N'abatent lui ni son cival
Oltre s'en passe qu'il n'a mal.	40 Oltre s'en paſſe qui n'a mal.
Gaudins li Blois guencist manois,	Gaudins li blos guencist Manels
De sa lance fiert l'un des trois,	de Salance fiert un des treis
Si qu'il l'abat en son guencir	43 Si qel l'abat en son gencir
Qu'en terre fait l'elme ſerir.	qa terre fait lelme ſerir
Par ce que cil l'ont ſi bien ſet,	por ce que cil hunt ſi ben fait
Guencissent cil defors à het;	46 Gencissent cil de hors aheit

P 7963—7960	B
Salance afrete fili gitee	Sa lance fraite puis la getee
Senuet ferir un delefpee	34 Sin va ferir .i. de lefpee
par fon lefcu enliaume cler	par fom lefcu el elme cler
Que del cheual lofet tuber	q' del cheual le fait tober
& troif def lor lont fi feru	37 & troi des lor ont lui feru
Ml't g°nt cop tref parmi lefcu	ml't g°nf cops t°f parmi lefcu
Nabatet lui ne fon cheual	Nabatet lui ne fon cheual
Outre fen paffe q'l na mal	40 Oltre fenpaffe q'l na mal
Gaudins liblois guachift manois	Gaudinf li bloif guenchift manois
Defalance fiert un def trois .	de fa lace fiert .i. des trois
Siquil labat enfon guanchir	43 Si q'l labat en fon guechir
Qua t're enfet liaume ferir	q'n t're en fait lelme (guechir)
par ce q' cil lont fi bien fet	p° ce q' cil lont fi bis fait
Guenchiffet cil defors ahet	46 Guechiffet cil defors aait
Sel font fibien acele foiz	Cil fot fi bis a cele foif
Que toz farefte litornoiz	q' tof farefte li tornois
Ce dit corfauz ce neft lafome	49 Ce dift corfolz ce ÷ la fome
Cil dui lont fet 9me preudome	cil dui lot fait 9me prodome
Jef vi uenir fibueneın't	Jef ui uenir fi bonement
Que tot enconui lor talent	52 q' tot en conu lor talent
par foi laroine refpont	par foi la roine refpont
Nous veons bien q' biē lofont	n° ueonf biē ke biē le fot
Mais cil acel efcu darient	55 Maif cil a cel efcu darget
Se 9tient aireufeem't	Si 9tient airofement
Ml't cuit fel biē loconeuft	Je q't fel biē le coneuft
Que fef bien fere lipleuft	58 q' fef bien faires li pleuft
Litornoiz eft bien arreftez	Li tornoif eft biē arreftes
& bien feruz & bien meftez	Et biē fer° & biē melles

A 7947—7960	S
Se'l font si bien à cele fois	Si font si ben a cele feiz
Que tos s'areste li tornois.	que tot sarreste li torneiz
Ce dist Corsols: «C'en est la somme, 49	Ce dist Corsus: Cen est a somme
Cist dui l'ont fait conme prodome;	Cist dui l'unt fait cume prodome
Les vi venir si belement	J'es vei venir si bonement
Que tost en connui lor talent. 52	que tot lor conui lor talent:
— Par foi, la roine respont,	— Per fei, la Reine respont
Nos véons bien que bien le font;	nos veons ben qui ben lo font: [324
Mais cil à cel escu d'argent 55	Mais cel a cel escu dargent
Se contient airosement.»	Se content ahirosement
Mais bien quit, s'el le connéust,	
Que ses bien faires li pléust. 58	
Li tornois est bien arestés,	Li Torneis est ben areslez
Et bien ferus et bien meslés.	et ben feru, et ben meslez

P 7961–7986

Liempereref . dalemaigne
eſtdedenſchadiax&chaſtaigne
& li foudanſ deperſe oluj
Ml't fait aceuf deforſ anuj
tant vuet lamor demelior
Quil en eſt montef en eſſor
& en orguel . ſi ramponant
Quil vait touf chl'rſ gabant
En fef amorſ ag*nt eſpoir
Q' par force que par pooir
Car il eſt ml't bonſ chlrz
De g*nt pooir & forſ & fierz
Jonef hom eſt . & proz & biax
Ml't par aſme chienſ & oiſiax
hardiſt eſt & cheualerouz
Sageſ . humleſ . largeſ . & douz
& ſouſ ciel nena pluſ Riche home
tant a que nuſ nenſeit laſōme
& cuide eſtre atouſ nomperz
O tout ce ſoffre gme berz
1ſ] Il auoit droit car acel ior
Adont gqueroit on honor
par biaute par cheualerie
par biau parler par cortoiſie
& par auoir & par richece
& par engin & par largeſce
A tout ce auonſ nouſ failli
Q ne uait maiſ dou ſiecle enſi

e

61 li amperiereſ dalemaigne
Eſt dux ſireſ & cheuetaigne
liſoudanſ deperſe eſt oluſ
64 Ml't fait ace* deforſ anuſ
tant uelt lamor denielior
Q'l eneſt motez ə leſſor
67 & ô orgueil ſirampoſnat
Q*l uait toz ch'rs gabant
Enſeſ amorſ agrat eſpoir
70 Q' por ſoi q' por ſon pooir
Q*r il eſt ml't bonſ ch'rſ
& feſ pooirſ eſt forz & fierſ
73 Iueneſ hom ert hardiz & proz
& ſieſt & forz & eſtouz

Q*r ſoz ciel nō apl* riche home
76 Detant q' nuſ nō fait la ſome
& cuide atoz eſtre nō perſ
& detoz li ſiecleſ liberſ
79 Il ot grāt duel .9 acel iorſ
Dōc gq'roient le amorſ
par beautez par ch'rie
82 par beau parl' par cortoiſie
& par auoir & par richece
& par engig & par largece
85 A tot ce auon noſ failli
Ne uait or paſ le ſiecle ſi

A 7961–7974

Li empereres d'Alemaigne
Est dedens chaéus et cataigne;
Li sodans de Perse est od lui:
Moult fait à cels defors anui.
Tant violl l'amor de Mélior
Qu'il en est montés en essor
Et en orguel si ranprosnant
Qu'il vait tos cevaliers gabant:
En ses amors a grant espoir,
Que por soi, que por son pooir;
Car il est moult bons cevaliers,
Et ses pooirs est fors et flers:
Jouenes hom est et beaus et pros,
Et si est hardis et estos,

S

61 Li Emperès d'Alamagne
est de ceus de danz chivetagne
Li Soldans de Perse est ot lui
64 Molt fait a ceux de hors ennui
tant volt l'amors de Melior
qil en est montez en estor
67 et en orguel si ramponant
qil vait tot civaler gabant

73 Jounes hom est, et bel, et proz
et ses poers est molt estoz

P	7961—7986	B

Lienpereres dalemaigne   61 Li empereres dalemaigne
Eſt dedēz chadiax & chadague   Eſt par dedēs cheſ et chataigne
Liſodans doperſe eſt olui   Li ſoldans de perſe eſt od luj
MI't ſet acelſ deſorſ anui   64 MI't ſait a cels dehors anuj
MI't uielt lamor demelior   tat uuelt lamº de melior
Qui eneſt mōtez eneſſor   q'l en ÷ montes en eſſor
& en orgueil ſi renponant   67 & en orgueil ſi rapronant
Quil uet toz ch'rſ guabant   q'l ua toz cheual's gabat
Enſeſ amors agᵉnt eſpoir   En ſes amºs a gᵉnt eſpoir
Que por ſoi q' por ſon auoir 70 q' par ſoi q' par ſon pooir
Car cil eſt ml't buens ch'rſ   qᵃr il ÷ ml't bós ch'ual's
& ſeſ pooirſ eſt ſors & fierſ   & ſes pooirs ÷ ſors & ſiers
luenef hom eſt & biax & proz 73 Joneſ hom eſt ſages & proz
& ſeſ pooirſ eſt ml't eſtoz   Et ſes pooirſ eſt ml't eſtoz

Que ſoz ciel nena plᵘ riche home   qᵃr ſoz ciel na nul plᵘ riche home
tant a q' nuſ nē ſet laſome   76 tal a q' nᵉ nē ſeit la ſome
& cuide atoz eſtre nonperſ   & quide atoz eſtre nonpers
Entot ce ſeſie libers   En tot ce ſe fie li bers
Il ot gᵉnt droit 9 acel ior   79 Il ot gᵉt droit cū a cels iors
Car dont 9q'roit en amor   Car dot 9q'roit les amors
par biaute par ch'rie   par belle par cheualerie
par biau parler par cortoiſie   82 par bel parl' par cortoiſie
& par auoir & par richece   & par auoir & par richece
& par engig & par procce   & par doner & par largece
Mot ce auons or ſailli   85
Ne uet pas li ſiecles iſi*)

A	7975—7986	S

Et sos ciel ne n'a plus rice home;
Tant a que nus n'en set la some, 76
Et cuide à tos estre non pers;   et cuide a toz estre non pers
En tot ço se fie li bers   en tot ce se fie li Bers
Il ot grant droit à icel jor;   79 Il lot grant dreit, cum a cel jor
Car dont conqueroit-l'on amor   Quadunc conquereit lon amors
Par beauté, par cevalerie,   per beuté, per civalarie
Par bel parler, par cortesie,   72 per bel parler per cortesie
Et par avoir et par richece,
Et par engien et par largece :
A tot ço avons or failli;   75 A zo avons nos ſali
Ne vait nient li plais issi;   ne vait nient li segle si;

---

*) Z. 7987—8036 fehlen in Hs. P, d. h. 50 Zeilen, welche also wohl auch in der Vorlage von P gerade eine Spalte füllten.

P 7987—8018	Q
par biaute . ne par bônef morz	par beautez ne par bonef morȝ
Ne ꝗ'rra maiſ nuſ amorz	88 Ne ꝗ'rronſ noſ maiſ amorſ
peu eſt aſ dameſ . de richece	Poi eſt adame de richece
Ne de biau donſ . ne de largeſce	Ne de graz donſ ne largece
Ne biax parlerſ . ne cortoiſie	91 Ne beau parler ne cortoiſie
Neſ puet torner de chaſte uſe	Ne puet torn' de chaſte uſe
Chascune vuet lire vn ſautier	Chaſcune ſait ia ſo ſaut'
& vait biō aiſ iorſ au mouſtier	94 Si uait b'n ainz eure au moſt'
Illuec font lor afflict'onz	Iluec font lor afflictionſ
Lor almôneſ . lor oriſonz	O l'meſ & o oraiſonſ
& idemorent iuſq· prime	97 & ſi demeurēt tru·q· prime
tant mainent ceſte ſaite nie	tant mainēt ceſte ſeinte lime
Q' de dīu ſont enlumineez	Q' de dieu ſont sluminēeſ
& del ſaint eſperit gardeez	00 & du ſaint eſperit gardeeſ
Por nient leſ requiert on mez	por noient leſ req'ert on meſ
trop ſont ſort escondit adez	trop ſont ſorz eſgdiz aſeſ
Il pert biē alor veſteure	3 Il pert b'n alor veſteure
Q' elleſ nont dou ſiecle cure	Q'leſ nōt maiſ de ſol' cure
Nuſent maiſ nul chaiſe ride	Neſont maiſ bliax regardez
Ne laſ de ſoie alor coſte	6 Ne laz de ſoie alor coſtez
Ne ceſ lôgeſ mancheſ ridēez	Ne ceſ lōgueſ macheſ rideeſ
Nierent maiſ autornoiſ porteez	Nierent maiſ atornai portreſ
Ceſ g·nſ bliauſ ceſ draſ de ſoie	9 Cez beax bliax cez draſ de ſoie
Ceſ g·nſ treceſ geſtent enuoie	Cez graz treceſ gietent ō uoie
tout ce tiēnent auanite	tant ꝗtienent auanſte
& ag·nt supperſluite	12 & agrant ſuperſluite
Ne vuelent eſtre meſcreuez	Neuuelēt maiſ eſtre creueſ
Sor leſ oreilleſ ſont tonduez	par leſ oreilleſ ſont tondueſ
Or uſent maiſ ſeſ ſouſcaniez	15 Or uſent uneſ ſouq·nieſ
ampleſ deſuſ deſouſ furniez	Empleſ & pardeſoz ſornieſ
& veſtent ceſ leſ ſouſpeliz	& ueſtēt ſeſ biax ſoupeliz
& ſenuoiſent . ml't aenuiz	18 & ſenuoiſēt trop aenuiz

B	7987—8002	B
	Per beuté ne per bones mors	Iluec sunt lor afflictions
325] 88	n'en conquereit lon mais amors.	lor lermes et lor oraisons
	Pois est a Dames de ricece	et demorent tros que Prime: 97
	ne de grant dons, ne de largece	tant trairont ceste sainte lime
91	ne per parler de cortesie	Que de Dei sunt enlumintes
	n es pot torner de caste vie	et du Sanct Espirit gardees. 00
	Causcune seit ja sun salter	Per nient lor requert hom mes
94	si vait ben anz jor en moster	trop funt fors escondis et fēs

A   7987—8018   **B**

Par beauté ne par bones mors
Ne conquerra nus mais amors. 85
Poi est à dames de richece,
Ne de grans dons, ne de largece;
Ne beaus parlers, ne cortesie,   91 Ne bel parler ne cortoifie
Ne's puet torner de caste vie.   Ne puet torner de cafte ufe
Cascune set jà son sautier,   Chafcune feit ia fŏ pfaltier
Et vait bien ains jors al moſtier; 94 Si vait biŏ aız ior al moſt'
Iluec font lor afliclions,   Illoc fŏt lor afflictions
Lor larmies et lor orisons,   Od larmes & od orifons
Et i demorent trosqu'à prime; 97 Si demeurēt duc ala pıme
Tant traient ceste sainte lime   tāt traient cefte faıte lime
Que de Deu sont enluminées   q' de dū fūt illuminees
Et del Saint Esperit gardées. 00 & del fait efpir garantees
Por nient les requiert-on mès: p° nient les reqᵗert om mais
Trop font fors escondis à fès.   tᵒp fŏt fort efgdit a fais
Il pert bien à lor vestéure   3 Il pert bien alor ueftcure
Que eles n'ont mais d'amer cure: q' eles nont de fol' cure
N'usent mais blans cainses ridés,
Ne las de soie à lor costés,   6
Ne ces longes mances ridées   Nufŏt maif blāf chainfif rides
N'ièrent mais à tornois portées; Nierŏt maif a tornoi portes
Ces beaus bliaus, ces dras de soie, 9 Celz bels bliaz celz laz de soie
Ces grans treces, jetent en voie: Ces gᵃnf trefors getŏt enuoie
Tot ce tienent à vanité   tot ce tienŏt a uanite
Et à grant superfluité,   12 & a grant fuperflufte
N'en vuellent estre mescréues: Ne uulŏt eftre mefcreues
Par les orelles sont tondues.   par les oreilles fūt tondues
b] Ore ussent unes soschanies   15 Or ufent unef foganfes
Amples desos, par pans fornies, Amples de foz par panf fornies
Et vestent ces les soupelis,   & ueftent cef lez forpeliz
Et s'envoisent trop à envis.   18 & fenuoifent tᵒp a enuis

S   8003—8018   **S**

3 Il pert ben à lor vesteüre   tot se tenent a venité
   qeles n'ont de foler cure   et à grant superfluité   12 [326
   n'eusent maint blans chaises rediz ne volent estre mescreues
6 ne de laz de sege a lor costez per les oreiles sunt tondues
   ne ces lunges manies ridees   Or usent haires lor chemises 15
   nerent mais au tornef portées   amples de suz per painz fornies
9 ces beux bliaux, ces dras de seie et vestent ses liz sur peliz
   ces grans treces gettent enveie et seveissent trop à enviz   18

Ausg. u. Abh. (E. Pfeiffer).   6*

F	8019—8024	**F**
On nōuoit maiſ nulez mēti[r]		Q' biē dient ſor toute rien
Ne por iurer . ne por morir		peu parolent . & ſimplement
21 Qᵃnquelleſ diōt tout eſt bien		& ſi eſt ml't treſuraiement 24

A	8019—8036	**B**
N'en sauroit mais une mentir,		Ne ſauroit maiſ une m'tiʀ
Ne por vivre ne por morir:		Ne por víure ne por moriʀ
Quanqu'eles dient créés bien,	21	qᵃnt q'les dient croi ie bien
Et leſcondit sor tote rien.		& leſcondit ſor tote rieɴ
Poi parolent et simplement		pou parolent & ſimplem't
Et cel si très veraiement	24	& ce ſi ſuauecment
Que cascun mot entrence et ret,		q' chaſcuſ moz entrōche & ret
Et ne jurent, fors Deus le set.		Si ne uirent fors dex le ſet
Mais à cel tans que je vos di	27	Maiſ a cel tōs dōt ie uos di
Avoient dames grant merci		Auoient dames gᵃnt m'ci
		De cels q' par amᵒs amoient
		& de cels q'les ueoient
De gent amant et meserine,		Eſpriſ de bone amᵒ & fine
Si lor faisoient bien mecine;	30	faiſoient eles biē mecine
Mais or poons plorer en vain,		Maiſ or poonſ plorer en uain
Proier ces dames soir et main,		pᵣoier ceſ dames ſoir & main
Et par bouce et par briés parler,	33	par boches & par briés parler
Bas conseller et haut crier,		baſ ȿſillier & halt crier
Qu'oït ne serons, n'escouté;		Ke ne ferionſ eſcolte
Car sordes sont de chaſtéé.	36	Car ſordes ſut de chaſtee

S	8019—8036	**G**
ne saurent déus une mentir		Nō ſauroit maiſ une mōtir
ne por vivre ne por morir.		Ne por uiure ne por morir
quant qeles dient, creez ben	21	Qᵃnq'leſ dient croiōt b'n
lor escondit sur toute ren.		& leſȷdit ſor tote rien
Poi parolent et sinplement		poi parolēt & ſimplem't
et cel si très veraiement.	24	& cel ſitreſ ueraiem't
que cascuns moz retraient erent		
Si ne jurent, fors: D'us lo serent		
Has cel tenps dunt je vos di	27	Maiſ a cel tens ȷ genoſdi
avoient Dames grant merci		Auoiēt dameſ grat m'ci
de ient amant et miserine		De gōt amor & miſerine
Si lor faseient medecine	30	Si enfaiſoient b'n mecine
Mais or povons plorer en vain,		Maiſ or poon proier ō uain
prier ces Dames e ser et main,		plorer cez damef ſoir & main
et per boce et per bief mander,	33	& par boucehe & par brief parl'
bas conseler, et hault crier.		par ȿſeill' & par proier
		Qᵘiz ne feronſ neſcoute
	36	Qᵃr ſordeſ ſōt de chaate